JUGENDLICHE UND SOZIALES ENGAGEMENT

– Ist Helfen Ehrensache?

D1702881

Lehrerheft

DANKE!

Die Hefte „Jugendliche und soziales Engagement – Ist Helfen Ehrensache?" wurden durch Beiträge von Organisationen und Engagierten veranschaulicht und unterstützt. Dafür sagen wir allen ein herzliches Dankeschön!

Im Schülerheft haben wir Beiträge von Fachleuten und Jugendlichen aufgenommen, die sich unmittelbar an Jugendliche richten. Weitere Beiträge mit Schwerpunkt Analyse oder Didaktik finden Sie hier im Lehrerheft.

 Die CD stellt weitere Artikel und Anregungen, ausführliche, farbig gestaltete „Langfassungen" von Schülerheftbeiträgen und Übungsmaterialien zum Argumentieren zur Verfügung.

In verschiedenen Hinweisen dieses Hefts wird auf Internetadressen verwiesen. Alle Internetadressen, Internetmedien und -dateien, die in diesem Heft aufgeführt werden, wurden sorgfältig vor der Drucklegung auf ihren Inhalt überprüft. Der Verlag übernimmt keine Gewähr für deren Aktualität und Verfügbarkeit sowie den Inhalt dieser Adressen und solcher, die mit diesen verlinkt sind.

Inhalt

Inhalt der CD

Die dem Lehrerheft eingefügte CD ist eine Daten-CD. Nach dem Einlegen und dem Öffnen im Explorer können die Dateien in ihren jeweiligen Ordnern ausgewählt werden.
Die Dateien sind entweder im PDF-Format oder im Format MS-Word. Für die PDF-Dateien ist der Acrobat-Reader der Firma Adobe nötig, der auf fast jedem Gerät installiert ist oder aus dem Internet heruntergeladen werden kann: http://get.adobe.com/de/reader/

Zur Übersicht sind die Dateien in Ordnern abgelegt:

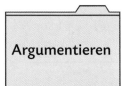

Argumentieren

Übungen zum Argumentieren, Entwickeln von Argumenten, Überarbeiten von Schreibaufgaben und zum Nutzen des Kompendiums. Diese Dateien sind im Word-Format gehalten. So können sie von Ihnen verändert oder die Übungen dazu von den Schülerinnen und Schülern auch am PC durchgeführt werden.

Argumentieren_Auswirkungen.doc	Stützen der These „Das freiwillige soziale Engagement hat positive Auswirkungen auf einen selbst"
Kompendium_nutzen.doc	Mithilfe des Kompendiums Informationen gewinnen und so aussagekräftige Argumente aufbauen
Mohn_Pflichtjahr.doc	Untersuchen einer schlüssigen Argumentation, Position dazu beziehen und begründen; als Klassenarbeit möglich, die eine Gegenposition einnimmt
Schueleraufsatz_Senioren.doc	Auszug aus einem Schüleraufsatz zur Musterschreibaufgabe „Freiwilliges soziales Engagement bei der Betreuung älterer Menschen" (SH 27) zum Überarbeiten
Stoffsammlung_Verruf.doc	Trainieren, wie relevante Informationen für die Bearbeitung einer Schreibaufgabe zusammengetragen und geordnet werden. Eine beispielhafte Vorgehensweise für das Anlegen einer Stoffsammlung und Gliederung. Die Übung sollte im Zusammenhang mit der Schreibaufgabe „Der ,(Ver)ruf' der Jugend" (SH 55) zum Einsatz kommen.

Kompendium-materialien

Ergänzende Quellen, die für das Kompendium verwendet werden können.

BFD_Willius.pdf	Nadine Willius ist Teilnehmerin am Bundesfreiwilligendienst beim NABU-Federsee.
Ein_Jahr_in_Kenia.pdf	Melanie Rock de Yánez berichtet über ihre Arbeit an einer Schule in Nairobi für ehemalige Straßenkinder.
Engagieren.pdf	Vorstellung verschiedener Kampagnen und Projekte für Schüler und die Schule.
Jugendfeuerwehr.pdf	Ausführliche Fassung des Beitrags „Jugendfeuerwehr Erolzheim" im Schülerheft mit Fotos.
NABU_Federsee.pdf	Kerstin Wernicke stellt die Federsee-Natur und die Arbeit des NABU-Naturschutzzentrums Federsee vor.
THW.pdf	Miriam Kalkuhl berichtet von ihrer Tätigkeit in der Jugendgruppe des Technischen Hilfswerks (THW).

TOP SE

Dieser Ordner enthält Schülerbeiträge zu ihren Erfahrungen im „Themenorientierten Projekt Soziales Engagement" (TOP SE)

Top_SE_Tafelladen.pdf	Marco Ernst, Dollinger Realschule Biberach, Praktikum in einem Tafelladen
Top_SE_Hoelzle.pdf	Yacine Lorenz, Dollinger Realschule Biberach, arbeitete im Ferienlager „Hölzle" mit
Top_SE_Kindergarten.pdf	Verena Hatzing, Dollinger Realschule Biberach, Klasse 9c, Praktikum am Kath. Kindergarten St. Gallus in Rißegg
RSE_Schuelererfahrungen.pdf	Erfahrungen von Schülerinnen und Schülern der Realschule Erolzheim über ihre Erfahrungen im Sozialpraktikum im Seniorenzentrum Erolzheim

„Für das, was man tut, bekommt man alles in einer anderen Form, die sich nicht kaufen lässt, wieder zurück."

„Warum machst du das alles? Warum opferst du so viel Freizeit auf?" Robert Knollmann*, der sich in der Jugendarbeit, in der Dekanatsarbeit, an Bürgervorhaben in seiner Gemeinde engagiert, hat eine klare Antwort darauf:

„Für das, was man tut, bekommt man alles in einer anderen Form, die sich nicht kaufen lässt, wieder zurück."

Diese „Zurück", das sind glückliche Kinder, das ist ein Mehr an Miteinander in der Gemeinde, das sind Erfahrungen, die prägen und ihn im Leben begleiten:

„Durch die gesamte Gremiumsarbeit lernte ich viel professionelles Arbeiten in Moderation, Projektarbeit und Teamarbeit. Aber auch sich selbst wiederzugeben, sich zu präsentieren vor anderen. Durch Leiterrollen lernte ich viel über Menschen, aber auch über mich selbst. Man erlebt natürlich sehr viel, hauptsächlich aber lernt man sehr viel Verantwortung für andere Menschen zu übernehmen. Durch das Engagement erhielt ich auch ein enormes Selbstvertrauen und das kann man in jeder Situation des späteren Lebens brauchen."

Derzeit studiert Robert Knollmann für das Lehramt, er hat seine Profession gefunden.

Soziales Engagement kostet Zeit, es erfordert einen hohen persönlichen Einsatz, der anderen hilft, der das Gemeinwesen am Leben erhält, der ein dickes „Plus" in unserer kostenorientierten Gesellschaft ermöglicht – und der immer auch etwas zurückgibt. Das erfuhren die Autoren bei ihren Recherchen und in den Gesprächen mit Jugendlichen und Engagierten. Das Engagement, die Vielfalt der Formen und der Zeitaufwand überraschen und machen Mut!

Die Jugend und ihr Ruf, schon Sokrates soll sich darüber beklagt haben, die Jugend liebe den Luxus, habe schlechte Manieren und verachte alte Menschen**, gründet oft auf Vorurteilen und verzerrten (auch medialen) Darstellungen. Grund genug, dass sich auch Erwachsene, die (wir) „Älteren", Gedanken machen, was sie der Jugend hinterlassen, an Schulden, an sozialen Zukunftsaufgaben. Gedanken und ein Sicheinbringen zu einem sozialen Miteinander.

Im Schülerheft lassen wir viele Jugendliche, junge Erwachsene und engagierte Fachleute zu Wort kommen, hier im Lehrerheft und auf der CD werden weitere Erfahrungen und Möglichkeiten des sozialen Engagements, auch zum in Baden-Württemberg verbindlichen „Themenorientierten Projekt Soziales Engagement" (TOP SE), vorgestellt. Der Unterrichtsteil bezieht das Schülerheft mit ein und enthält dazu Lösungen und Anregungen.

Ist Helfen Ehrensache? Sollte man soziales Engagement stärker in den Schulen integrieren, sollte es gar Pflicht werden, ein Jahr (oder ein halbes) für das Miteinander zur Verfügung zu stellen?

Wir wünschen Ihnen und Ihren Schülerinnen und Schülern eine lebhafte Diskussion und eine intensive Auseinandersetzung mit dem Thema!

Cornelia Jenner   Günter Krapp

Das Fragezeichen beim Thema ist ein Mehrfaches:

- **Ist Helfen Ehrensache – oder erwarten viele Menschen heute generell eine materielle Entlohnung für ihren sozialen Einsatz?**
- **Wie sieht es mit dem sozialen Engagement Jugendlicher derzeit aus – hat die Bereitschaft dazu nachgelassen?**

Bereits der erste Impulstext, „Jugend – In Verruf", scheint Entwarnung zur zweiten Frage zu geben: „Eine Untersuchung des Deutschen Jugendinstituts belegt: Noch immer engagiert sich eine große Zahl Jugendlicher ehrenamtlich […] auch wenn die Zahl derjenigen, die sich tatsächlich engagieren, leicht rückläufig ist." (Ulrike Frenkel, Funkstörung zwischen den Generationen. In: Stuttgarter Zeitung vom 23.8.2010)

Der Vergleich der Werte des Freiwilligensurveys von 2005 und 2009, der Shell-Jugendstudien (Deutsche Shell) und der Bertelsmann-Stiftung Stiftung (Sibylle Picot: Jugend in der Zivilgesellschaft*) zeigen, dass sich ungefähr ein Drittel der Jugendlichen in Deutschland in irgendeiner Form sozial engagiert. Reinders gibt in seiner Studie „Jugend.Werte.Zukunft."** (2005) deutlich höhere Werte an. Im Vergleich zu anderen Ländern (USA: ca. 50 Prozent) sei dieser Wert zwar geringer, aber dafür engagierten sich viele Jugendlich oft mehrfach und zeitintensiv. Gleich ist allen Untersuchungen, dass sie eine Stagnation im Engagementverhalten beobachten.

So unterscheiden sich die Zahlen nur wenig, auch die Feststellung, dass Jugendliche, die sich sozial engagieren, meist aus bildungsnahen Familien stammen, eine Realschule oder ein Gymnasien besuchen und durch Vorbilder in der Familie zum Engagement geleitet werden.

Der Bildungsstatus, das persönliche soziale Netzwerk und die persönlichen Motive entscheiden, ob sich ein Jugendlicher engagiert. Dies bestätigt sich auch bei unseren Recherchen: Häufig nannten die von uns Befragten Eltern, Verwandte und Freunde als Vorbild oder Anreiz, sich sozial zu engagieren. Vereinfacht ausgedrückt: Je näher ein Jugendlicher dem sozialen Engagement ist, desto selbstverständlicher erlebt er es und setzt es fort. Ein Generationenvertrag der anderen Art.

Natürlich bestimmt gerade bei Jugendlichen die Frage der Erreichbarkeit, die Ortsnähe eine große Rolle bei der konkreten Wahlentscheidung. Die Beanspruchung durch die Schule, sowohl zeitlich als auch in der Intensität, sind weitere wichtige Faktoren.

Was umfasst „soziales Engagement"?

In den drei Impulstexten werden viele Formen und Beispiele sozialen Engagements aufgeführt. Die Begrifflichkeit ist dabei nicht immer klar, synonyme Begriffe konkurrieren miteinander aufgrund der unterschiedlichen Quellenlage. Dennoch zeigt, sich, was unter den Begriff „soziales Engagement" subsumiert werden kann: Den Begriffen „Ehrenamt, soziales Engagement, gemeinnütziges Engagement, bürgerschaftliches Engagement" usw. ist die *gemeinnützige Tätigkeit* gemein. Diese ist „freiwillig, nicht auf materiellen Gewinn gerichtet, gemeinwohlorientiert, öffentlich und gemeinschaftlich bzw. kooperativ". Hervorgehoben bei der Definition werden zudem „das Handeln zum Wohle anderer" und die „unentgeltliche Aktivität in der Freizeit."

Ist Helfen Ehrensache?

Da gilt es zunächst zu klären, was „Ehre" umfasst und meint.

Soziales Engagement erfolgt *selten ausschließlich aus selbstlosen oder uneigennützigen Überlegungen*. Das gilt auch für einen hohen Anteil unserer Jugendlichen. Der *Wunsch nach sozialen Kontakten und sozialer Einbindung* steht ganz oben in der Erwartungsliste. Altruistische Motive und die *Erwartung „Spaß zu haben"* und mit sympathischen Menschen in Kontakt zu kommen, stehen im Vordergrund, wenn das konkrete Betätigungsfeld ausgewählt wird. Das dominierende Motiv des freiwilligen Engagements bei Erwachsenen ist das Bedürfnis zur *gesellschaftlichen Mitgestaltung*, nicht im politischen Sinn, sondern als Erwartung, im Kleinen, vor Ort, im Umfeld etwas bewegen und mitgestalten zu können. Drei Viertel der Erwachsenen, aber auch eine zunehmende Anzahl Jugendlicher und junger Erwachsener in der Phase der Berufs- oder Studienorientierung orientieren sich bei ihrer Wahl daran, ob *Kenntnisse und Erfahrungen* gewonnen werden können, die dabei von Nutzen sind.

Die Vereine sind nach wie vor die wichtigsten Organisationsformen, in denen sich Menschen ehrenamtlich engagieren. 47 Prozent aller freiwilligen Engagements findet laut des Freiwilligensurveys 2009 in Gesangs- und Sportvereinen statt.

---

* Sibylle Picot: *Jugend in der Zivilgesellschaft, Freiwilliges Engagement Jugendlicher im Wandel.* Bertelsmann Stiftung, (Hrsg.) Gütersloh 2012.
** *Jugend. Werte. Zukunft. Wertvorstellungen, Zukunftsperspektiven und soziales Engagement im Jugendalter.* Studie von Heinz Reinders, Herausgeber: Landesstiftung Baden-Württemberg gGmbH, Stuttgart 2005. Nr. 14 der Schriftenreihe der Landesstiftung Baden-Württemberg.

So schreibt Horst Kanitz, wissenschaftlicher Mitarbeiter in der Hauptabteilung Kommunalpolitik der Konrad-Adenauer-Stiftung: *„Der ‚neue' Freiwillige fühlt sich weniger einer altruistischen Motivation verpflichtet, sondern er sucht nach persönlicher Befriedigung und Bereicherung in seinem Engagement. Er will neue Erfahrungen sammeln, seine Kenntnisse erweitern, seine Fähigkeiten verbessern, Hobbys pflegen und so seine Freizeit zusammen mit anderen Menschen sinnvoll gestalten."*

Die Handlungsbereitschaft hängt stark davon ab, *„ob und wie ihre individuellen Wünsche und Ressourcen mit dem Angebot und Bedarf des Anbieters freiwilliger Arbeit zur Deckung gebracht werden können"*, so Kanitz weiter. (Horst Kanitz, in: DAS EHRENAMT – Fundament der Bürgergesellschaft – Nr. 16, Hg.: Konrad-Adenauer-Stiftung)

Diese Begründungen wurden uns auch in den Gesprächen mit Jugendlichen immer wieder genannt und spiegeln sich auch in den Beiträgen der Jugendlichen im Schülerheft wieder.

Ehrensache und Selbstlosigkeit verbinden sich in einem Bündel von Motivationen, was nicht ausschließt, dass das soziale, christlich geprägte Motiv der Nächstenliebe dominieren kann.

„Sozial ist immer zweiseitig. Man gibt etwas – und man erhält etwas zurück!"

„Eine geradezu symptomatische Formel", so Rosemarie Fischer über die meist genannte Antwort ihrer Schülerinnen und Schüler, unserer Testklasse, der 9f der Dollinger Realschule Biberach, zur Frage, was soziales Engagement ausmacht.

Diese Haltung findet sich auch in vielen Äußerungen der Jugendlichen, die im Schülerheft zu Wort kommen: Wer einen Nutzen, eine Hilfe erwartet, der muss auch etwas geben und einbringen.

Eine *finanzielle Entlohnung,* gar eine Bezahlung lehnen auch die Jugendlichen ab, die in unserem Schülerheft zu Wort kommen. Es werden jedoch Einschränkungen genannt. Diese beziehen sich darauf, einen Kostenausgleich für Fahrt- oder Handykosten zu erhalten, auch dahingehend, eine kleine „Anerkennung" oder einen zusätzlichen Anreiz zu bekommen.

Sich auseinandersetzen mit den Möglichkeiten und Chancen sozialen Engagements

Auffallend ist, dass in den letzten Jahren das Thema in den Horizont von Soziologen, Politologen und Institutionen gelangt ist.

Die gesellschaftliche und die pädagogische Intention des Themas sind offensichtlich: Jugendliche sollen über ihr soziales Engagement nachdenken und in der Auseinandersetzung mit den Formen und Chancen des Engagements aktiviert und motiviert werden.

Frühes Engagement ist entscheidend – jugendgerechte Angebote entwickeln

Für die Bertelsmann-Stiftung untersuchte die Sozialforscherin Sibylle Picot die Daten des Freiwilligensurveys für die Altersgruppe der 14- bis 24-Jährigen und stellte fest: Wer sich früh engagiert, wird dies mit hoher Wahrscheinlichkeit auch in späteren Lebensphasen tun und einen positiven Beitrag für sich und die Gesellschaft leisten. Sie weist auch darauf hin, dass *veränderte Rahmenbedingungen* wie die Ganztagesschule und Belastungen durch Schule, Ausbildung und Beruf berücksichtigt werden müssen, um *Bedingungen für das Engagement* zu *fördern.* Umso wichtiger sind daher *attraktive, jugendgerechte Angebote* für gemeinnütziges Handeln (Picot, 2012).

Ein Modell des sozialen Ehrenamts

Zu ähnlichen Ergebnissen kommt eine Studie von Heinz Reinders. Er stellt in seiner Studie „Jugend. Werte.Zukunft" fest, dass „seit jeher eine gewisse Skepsis von Erwachsenen gegenüber Jugendlichen" bestehe und die Erwachsenen sich sorgen, „dass Jugendliche sich nicht zu ‚vernünftigen' Erwachsenen entwickeln, die aktiv am demokratischen Miteinander mitwirken". Auch wenn er diese Sorge nachvollziehen könne, da die Jugendlichen die kommende Erwachsenengeneration sei, die die Verantwortung in der Gesellschaft übernehmen müsse, zeichnet er ein positives Bild der Jugendlichen.

Auch er misst insbesondere dem sozialen Engagement in der Jugendphase eine hohe Bedeutung bei, da dies identitätsbildend ist: „Durch gemeinnützige Tätigkeit kommen Jugendliche in Kontakt mit gesellschaftlichen Aspekten, die sie in der Schule, in der Familie oder mit Freunden nicht, oder nicht in der Form machen können." (Reinders, 2005, S. 40)

Reinders bildet den Zusammenhang von gemeinnütziger Tätigkeit und politischer Beteiligungsbereitschaft modellhaft ab:

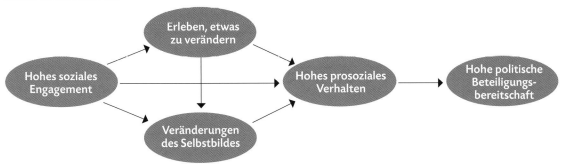

Quelle: Reinders, Heinz: *Jugend. Werte. Zukunft.* Wertvorstellungen, Zukunftsperspektiven und soziales Engagement im Jugendalter. Hg.: Landesstiftung Baden-Württemberg GmbH, Stuttgart 2005, S. 40.

www.bwstiftung.de

„Gleichzeitig berücksichtigt das Modell, dass nicht jede Form sozialen Engagements in gleicher Weise zur Identitätsbildung beitragen wird. Es ist einsichtig, dass das Fegen des Schulhofes weniger anregende Erfahrungen bereithalten wird als etwa gemeinsame Freizeitbeschäftigungen mit behinderten Mitmenschen. Die Organisation eines Theaterstücks wird in Bezug auf gesellschaftliche Problemlagen wahrscheinlich weniger stimulieren als die Auseinandersetzung mit politischer Gewalt im Rahmen von Amnesty Aktionsgruppen. Es wird davon ausgegangen, dass vor allem solche Tätigkeiten identitätsrelevant sind, bei denen ein direkter Umgang mit Menschen besteht, die sich in einer bedürftigen Situation befinden (Reinders & Youniss, in press). Hierdurch beginnen Jugendliche über ihre relativ privilegierte Position in der Gesellschaft und über Ursachen sozialer Ungleichheit nachzudenken. Sie beginnen, sich selbst in einem weiteren sozialen Kontext zu betrachten, der über die Rolle in Schule, Familie und Freundeskreis hinausreicht." (Reinders, 2005, S. 40 f.)

Reinders kommt zu einem positiven Bild des sozialen Engagements Jugendlicher: „Es besteht ein ‚harter Kern' hochaktiver Jugendlicher", und er hält es für „äußerst sinnvoll, diesen ‚harten Kern' in eine Massenbewegung engagierter Jugendlicher zu überführen, indem gezielt sinnhafte Programme initiiert und ausgebaut werden." (Reinders, 2005, S. 43)

Gemeinnützige Tätigkeit, so weist Reinders durch seine Befragungen nach, fördern bei Jugendlichen die soziale Einstellung, den fairen Umgang, die Bereitschaft, Verantwortung zu übernehmen und münden so auch in einem höheren politischen Engagement.

Zugleich gewinnen die Jugendlichen auch in Bezug auf ihren Lebensstil und ihre Zukunfts- und Berufsorientierung.

Wie Picot fordert Reinders Initiativen und Bemühungen, dass Jugendliche ein attraktives, ihren Interessen und Vorstellungen entsprechendes breites Engagementangebot erhalten und so ein über die Schulzeit hinausreichendes, nachhaltiges soziales Engagement wachsen kann.

Jugendengagement bedarf der Unterstützung und Würdigung

Viele Schulen engagieren sich bei der Förderung des sozialen Engagements ihrer Schülerinnen und Schüler weit über das Pflichtthema „Themenorientiertes Projekt Soziales Engagement" hinaus.

Die Ziele und Maßnahmen werden im Schulprofil verankert, im Schulalltag finden sich Bausteine wie Schulsanitätsdienst, Hausaufgabenhilfe, Patenschaften für jüngere Schüler, Unterstützung der Schulcafeteria, Kooperationen mit Vereinen, Altenheimen oder Kindergärten, um nur einige zu nennen.

Zudem brauchen auch die Anbieter und Organisationen professionelle Beratung und Unterstützung, um etwa eine Vernetzung des Angebots aufzubauen, um Menschen zusammenzubringen – damit sich eine Kultur des Helfens weiterentwickeln kann. Viele Kommunen und Landkreise beschäftigen daher Ehrenamtsbeauftragte, die Projekte anregen und unterstützen.

Würdigung und Wertschätzung des Ehrenamtes

Die Würdigung des Ehrenamtes – über feierliche Reden hinaus – ist von elementarer Bedeutung.

Was in den USA längst verankert und alltäglich ist, entwickelt sich zunehmend auch in Deutschland:

• Anerkennungsveranstaltungen und gemeinsame Feste,
• Festakte, auf denen Ehrenamtliche eine öffentliche Anerkennung ihres Einsatzes erfahren,

- Ehrenamtskarten als kleines Dankeschön, die verschiedene Vergünstigungen (Eintritte, Rabatte u. a.) eröffnen,
- Zertifikate, die festhalten, was an Einsatz für andere erbracht wurde – und die auch bei Bewerbungen eine wertvolle Hilfe sein können.

Viele Schulen vergeben Auszeichnungen für besonderes soziales Engagement

Auszeichnungen für soziales Engagement in der Schule

Zwei Beispiele aus der Gesamtschule Bexbach: Dort erhielten zwei Schüler zu ihrem Schulabschluss eine Ehrenurkunde für besonderes soziales Verhalten.

Marc stellte seine Fähigkeiten (führen und begeistern zu können) in den Dienst der Mitschüler, indem er ihnen immer wieder geholfen hat, ihre schulischen Aufgaben zu erledigen. Er leitete sie an, selbstständig zu arbeiten und konnte sie für manche Arbeiten begeistern.

Carsten wurde von seinen Mitschülern als Preisträger vorgeschlagen. Er war während der ganzen Schulzeit um Harmonie im Klassenverband bemüht. Er kümmerte sich darum, dass sich in der Klasse, in der Haupt- und Realschüler zusammen lernten, keine Distanz und keine Anfeindungen zwischen den beiden Leistungsgruppen verfestigten. Er führte sie sozusagen zu einer Gemeinschaft zusammen.

Das Projekt *„jungbewegt – Dein Einsatz zählt"*

Die Bertelsmann Stiftung hat das Projekt *„jungbewegt – Dein Einsatz zählt"* zum Jugendengagement initiiert. Das Projekt möchte Kindertagesstätten und Schulen ermutigen, sich in der Engagementförderung zu engagieren und auch Kommunen dabei unterstützen, dass Jugendliche auch außerhalb der Schule attraktive Möglichkeiten gemeinnützigen Engagements finden und dieses Engagement anerkannt und gewürdigt wird.

Unter anderem flossen auch die Erfahrungen des „Themenorientiertes Projekt Soziales Engagement" in den baden-württembergischen Schulen in das Projekt mit ein.

(Partner und Kooperationspartner der Bertelsmann Stiftung sind u. a. die Bundesländer Berlin, Rheinland-Pfalz und Sachsen-Anhalt, das Bundesnetzwerk Bürgerschaftliches Engagement, die Bundeszentrale für politische Bildung, die Deutsche Gesellschaft für Demokratiepädagogik, Deutsches Kinderhilfswerk, die UNICEF (Stand: Juli 2012)).

www

Das Projekt *„jungbewegt – Dein Einsatz zählt"* im Internet

Im Internet ist das Informationsportal unter
www.jungbewegt.de erreichbar:

„jungbewegt – Dein Einsatz zählt"

„jungbewegt" will etwas bewegen. Für Kinder und Jugendliche, die sich einbringen wollen. Für Lehrkräfte und Erzieher, die sie dabei begleiten. Und in der Politik – denn dort werden die Weichen für Veränderungen gestellt.

Unser Ziel ist es, Möglichkeiten für die Beteiligung von Kindern und Jugendlichen zu schaffen und zu fördern – in Schulen und Jugendeinrichtungen, in Kommunen und auf politischer Ebene. Nutzen Sie die Informationen und Materialen, die wir auf diesem Internetportal für Sie zusammengestellt haben. Unsere Angebote helfen Ihnen dabei, soziale, kulturelle und umweltpolitische Freiwilligen-Projekte mit Kindern und Jugendlichen anzustoßen und durchzuführen.

In der Reihe **„Ausgezeichnet!"** werden die Ergebnisse dokumentiert.

Der erste Band *„Kinder- und Jugendengagement wirksam fördern"* stellt aus Sicht von Jugendlichen und Experten Qualitätskriterien für die Engagementförderung in den Mittelpunkt. Der zweite Band *„Kinder- und Jugendengagement – Von guten Beispielen lernen"* ist der Praxis gewidmet und enthält viele Beispiele und Anregungen. Er ist dadurch auch als Informations- und Nachschlagewerk gut geeignet, da er auf 116 Seiten einen Überblick über die vielfältige Kinder- und Jugendengagementlandschaft in Deutschland vorstellt. Die ausführlichen Projektporträts sollen zum Nachahmen anregen. Darüber hinaus werden über 50 überregionale Angebote gemeinnütziger Organisationen, Vereine und Verbände aufgeführt.

Die Broschüre können Sie kostenlos im Projektbüro (Telefon: 05241 8181400, E-Mail: info@jungbewegt.de) bestellen oder im Internet herunterladen: http://www.jungbewegt.de/fileadmin/media/jungbewegt/Downloads/Publikationen/Ausgezeichnet__Band_2_final.pdf

Projekt „Zukunft"

Ein gelungenes Beispiel, wie nachhaltiges Engagement initiiert und unterstützt werden kann, haben wir im Beitrag „Jung hilft Alt" im Schüler- und auch hier im Lehrerheft dokumentiert.

Ein inzwischen seit Jahren mit großem Zuspruch laufendes Engagement-Projekt ist die Freiwilligenagentur „Schaffenslust" im Landkreis Unterallgäu und in der kreisfreien Stadt Memmingen.

„Schaffenslust lohnt sich", so bilanzierte die Freiwilligenagentur

„Schaffenslust lohnt sich." Dieses Motto der Freiwilligenagentur in Memmingen, die Isabel Krings leitet, trifft auf große Zustimmung. Die Bilanz der erst 2005 gegründeten Agentur ist beeindruckend: Mehrere hundert Menschen konnten für bürgerschaftliches Engagement gewonnen werden. Kostenlos leisten sie älteren Menschen Gesellschaft, helfen Kindern beim Lesenlernen oder stehen als Paten in beruflichen Fragen Jüngeren zur Seite.

Besonders erfolgreich spricht „Schaffenslust" junge Menschen an. An dem Projekt „Zukunft" z. B. beteiligten sich fast 400 Jugendliche. Sie halfen im Altersheim mit, in sozialen Einrichtungen oder engagierten sich in Vereinen für den Umweltschutz.

Nach Projektende sind etwa 200, also fast die Hälfte, dabeigeblieben. „Das zeigt eine große Bereitschaft, sich aktiv in fremde Welten einzufühlen", stellt Isabel Krings erfreut fest. […]

Stolze 245 284 Euro, hat Isabel Krings ausgerechnet, sind diese freiwilligen Leistungen allein im Berichtsjahr 2006/2007 wert. Die Summe symbolisiert die beachtliche „Wertschöpfung", die im zivilgesellschaftlichen Sektor steckt.

Lesepaten

http://www.anstiftung-ertomis.de/opencms/export/sites/default/download/isabel_krings_memmingen.pdf

---

Träger von „Schaffenslust" ist der unabhängige Verein Freiwilligenagentur Memmingen-Unterallgäu e. V. Das Ziel der Freiwilligenagentur ist die Gewinnung neuer Ehrenamtlicher / Freiwilliger für den Bedarf von Vereinen / Verbänden sowie für die Lösung sozialer Probleme in Zusammenarbeit mit jeweiligen Einrichtungen vor Ort.

„Schaffenslust" arbeitet dabei nach folgenden Prinzipien:

- Subsidiär: d. h., es wird nur das gemacht, was es noch nicht gibt
- Handeln wo Bedarf vorhanden ist
- Auswählen wo nach Projektauswertung Erfolg bei „Leistungsempfängern" verzeichnet wird
- Es wird Hilfe zur Selbsthilfe geleistet, d. h., über freiwilliges Engagement soll den „Leistungsempfängern" nicht der Anreiz zur Eigenverantwortung und Selbstinitiative genommen, sondern aufgebaut werden

http://www.fwa-schaffenslust.de/ **www**

http://www.fwa-schaffenslust.de/
Jugendengagement.htm

„Raus aus dem Schulalltag, neue Welten entdecken"
nennt sich das erfolgreiche Projekt, das Jugendliche
in den Schulen anspricht.

Ziele des Projekts

Jugendliche sollen für freiwilliges Engagement / Ehrenamt begeistert und somit auch langfristig als Nachwuchs-
kräfte fürs Ehrenamt gewonnen werden. Im Rahmen des
Engagements werden Tugenden und Werte vermittelt,
das gesellschaftliche Verantwortungsbewusstsein gefördert, soziale (Berufseinstiegs-)Kompetenzen vermittelt,
Vorurteile abgebaut, z. B. gegenüber Alten und Behinderten, und der Generationendialog gefördert.

Die Initiatoren weisen insbesondere darauf hin, dass es Jugendlichen oft an einer Aufklärung und Information über regio-
nale Möglichkeiten mangelt; zudem herrsche oft eine Trägheit, sich selbst Engagementmöglichkeiten zu suchen. Deshalb
ist das Projekt fest im Schulalltag verankert.

Ablauf des Projekts

Die Schüler/-innen werden in einzelnen Jahrgangsstufen
in verschiedenen Schultypen (Realschule, Berufsschule,
Mittelschule, Gymnasium) im Rahmen einer Unter-
richtsstunde circa 15 Minuten lang über das Projekt informiert. Eine Mitarbeiterin von Schaffenslust informiert
in den einzelnen Klassen (meist eine der Jahrgangsstufen
8 bis 10) generell über das Engagement, über das Erlebnis, Gutes zu Tun und Menschen zu helfen und über den
Projektablauf. An alle Schüler/-innen werden dann die
Flyer mit eingelegten Zetteln zur Anmeldung verteilt.

Einsatzstellen für befristete Tätigkeiten werden v. a. im
sozialen, kulturellen und ökologischen Bereich von der
Freiwilligenagentur für die Schüler/-innen vorbereitet.

Die Schüler/-innen engagieren sich drei Monate lang
zwei Stunden pro Woche. Dabei können die Stunden je
nach Betätigung flexibel geleistet werden.

Nachbearbeitungsseminar zu den Erfahrungen

Die Schüler/-innen werden in einer Veranstaltung (circa
1,5 Stunden) auf ihren Einsatz vorbereitet und wählen
aus einer breiten Palette von Tätigkeitsfeldern ihre Ein-
satzstelle aus.

Zusammen mit „Schaffenslust" steht ein fester Ansprechpartner in der Schule und in der Einrichtung während
des Engagements für die Schüler/-innen bereit.

In einer Veranstaltung circa eine Woche nach offiziellem
Engagementende werden die Erfahrungen und Erleb-
nisse ausgetauscht und reflektiert.

Im Rahmen eines Empfangs im Rathaus des jeweiligen
Ortes wird jedem Schüler bzw. jeder Schülerin eine Ur-
kunde über das geleistete Ehrenamt überreicht, die vom

Würdigung des Ehrenamts: Zertifikatsübergabe durch
Memmingens Oberbürgermeister Dr. Holzinger

© Fotos: Freiwilligenagentur Memmingen

jeweiligen Bürgermeister und Landrat Hans-Joachim Weirather sowie IHK-Regionalgeschäftsführer Markus Anselment und Kreishandwerkerschaft-Geschäftsführer Gottfried Voigt unterschrieben ist.

Eine Vielzahl von Einrichtungen und Initiativen im sozialen, ökologischen, kulturellen und sportlichen Bereich eröffnet dabei den Jugendlichen eine breite Palette von Möglichkeiten sich einzubringen – sei es in betreuenden bzw. begleitenden Tätigkeiten von Senioren, Kindern, Jugendlichen oder Behinderten, sei es im Rahmen organisatorischer Tätigkeiten wie Verkauf im Kleider- oder Weltladen, Betrieb einer Cafeteria im Seniorenheim, Unterstützung des Landestheaters, bei Kultur- und Umweltprojekten oder bei Festen.

Wie viele Jugendliche engagieren sich nach Projektende weiter?

Insgesamt 1 352 Jugendliche konnten seit Projektbeginn im September 2005 für ehrenamtliches Engagement begeistert werden. Die durchschnittlichen Teilnahmequoten sind seit Jahren konstant hoch zwischen 40 bis 60 Prozent der in den Klassen angesprochenen Schüler. Pro Schuljahr sind circa 150 bis 200 Schüler in vier Orten in verschiedensten Einrichtungen im Einsatz. Durchschnittlich 30 Prozent setzen ihr Engagement auch nach Projektende fort.

Ergebnisse von Schaffenslust (Stand Juni 2012)

In sieben Jahren wurden im gesamten Landkreis Unterallgäu und in der Stadt Memmingen fürs Ehrenamt mobilisiert:

- 339 Freiwillige über Anlaufstelle; ca. $^2/_3$ der vermittelten Freiwilligen waren vorher noch nie ehrenamtlich aktiv
- 33 Schülerpaten zur Herstellung der Ausbildungsreife von Mittelschülern
- 133 Lesepaten zur Verbesserung der Lesekompetenz von Grundschülern
- 1 352 Jugendliche für freiwilliges Engagement zur Erlernung wichtiger Berufseinstiegskompetenzen wie Team-, Kommunikations-, Konfliktfähigkeit im Rahmen sozialen Engagements

http://www.helpdirect.org/hilfsorganisationen/freiwilligenagentur-memmingen-unterallgaeu-e-v

Schulprofil und „Themenorientiertes Projekt Soziales Engagement"

Seit dem Schuljahr 2004/2005 gibt es in der Realschule Baden-Württemberg neben den Fächern und Fächerverbünden vier „Themenorientierte Projekte", kurz „TOPe" genannt. Eines davon ist das „TOP Soziales Engagement", ein fächerübergreifendes Pflichtprojekt mit 72 Unterrichtsstunden innerhalb eines Schuljahres.

- Die Realschule vor Ort entscheidet über den Zeitrahmen und die Zuordnung zu einer Klassenstufe.
- Jugendliche planen das Projekt mit, arbeiten möglichst selbstständig, dokumentieren und präsentieren das Projekt.
- Schwerpunkt bei „TOP SE" ist das Erkennen von eigenen Stärken und Schwächen, die Verbesserung von Teamarbeit, die Erfahrung, was Verantwortung für andere Menschen bedeutet.
- Der Schülereinsatz erfolgt innerhalb der Schulgemeinschaft, etwa als Pausen- oder Sportmentor, Streitschlichter und Schulsanitäter. Oft engagieren sich die Jugendlichen auch bei Lotsendiensten oder in der Hausaufgabenbetreuung.
- Außerhalb der Schule können Schülerinnen und Schüler im Rahmen eines Sozialpraktikums bei Vereinen und Verbänden, bei Feuerwehren, in Alten-und Pflegeheimen, in Familien, Kindergärten und anderen Schularten tätig werden.
- Am Ende erhalten die Jugendlichen ein Testat, das dem Zeugnis beigefügt wird und sowohl eine verbale Beurteilung als auch eine Ziffernote enthält.

Quelle: http://www.schule-bw.de/schularten/realschule/seneu/ (Aufruf: 16.Juli 2012)

Die baden-württembergischen Realschülerinnen und -schüler haben das „TOP SE" in Klasse 10 „absolviert". Sie können daher auf ihre Erfahrungen und ihre SE-Berichte zurückgreifen.

Viele Schulen haben in ihr Schulprofil das „soziale Miteinander", „Soziales Engagement" oder ähnlich formulierte Anliegen aufgenommen. Das Thema „Jugendliche und soziales Engagement – Ist helfen Ehrensache?" eröffnet Möglichkeiten, die Ausgestaltung eines Schulprofils oder des „Themenorientierten Projekts Soziales Engagement" zu diskutieren und Anregungen dafür einzubringen.

 Die CD enthält einen Ordner **„TOP SE"** mit Beiträgen Erolzheimer und Biberacher Realschülerinnen und -schüler zu ihren Praktika.

Auf den folgenden Seiten stellt Luzia Geiß von der Realschule Erolzheim ihre persönliche Erfahrungen mit „TOP SE" vor, Jasmin Mohn, Referentin der St. Elisabeth-Stiftung, schildert ihre Erfahrungen mit Praktika im Rahmen von „TOP SE".

Luzia Geiß von der Realschule Erolzheim über ihre Erfahrungen mit „TOP SE"

Im Foyer der Realschule Erolzheim hängt eine große Tafel mit dem pädagogischen Profil der Schule

Frau Geiß, gibt es „Präferenzen", wo sich die Jugendlichen lieber einbringen? Wovor schrecken sie eher zurück"

Das ist schwer zu beantworten: Sicherlich stoßen manche bei „TOP SE" an ihre Grenzen, d.h. sie erkennen ihre Schwächen, manche entdecken aber auch bisher nicht gekannte Fähigkeiten und Stärken. Die Frage ist, ob Schüler das jeweils für sich als Selbsterkenntnis wahrnehmen und auch ausdrücken können. Sie formulieren ja eher dann so: Das war langweilig oder das hat mir Spaß gemacht oder das war ganz schön anstrengend.

Positiv finde ich auf jeden Fall, dass doch relativ viele Schüler, die vor den Praxistagen kritisch eingestellt waren, im Nachhinein das SE doch als etwas Positives bewerten. Vor allem bei jenen Schülern, die sich für den Einsatz im Kindergarten oder im Seniorenheimen entscheiden, d.h., sich auf eine ganz neue Erfahrung einlassen müssen, gibt es neue Erkenntnisse. Für die Schüler im Altersheim kommt eher die Einsicht, dass es leichter war als sie es sich vorstellten. Bei Schülern, die im Kindergarten waren, gibt es eher die Erkenntnis, dass die Arbeit der Erzieherinnen doch ganz schön anstrengend und anspruchsvoll ist.

Können Sie Veränderungen in Einstellungen bei den Schülern feststellen? Oder ist das Engagement eben ein verordnetes Pflichtprojekt, das man hinter sich bringt?

Die meisten Schüler drängen in den Kindergarten oder geben an, dass sie in der Jugendfeuerwehr oder in anderen Vereinen aktiv sind. Fürs Seniorenheim oder die Behinderteneinrichtungen melden sich deutlich weniger Schüler. Mögliche Ursachen: Da jeder Schüler als Kleinkind im Kindergarten war, haben sie eine Vorstellung vom Alltag im Kindergarten. Viele Schüler haben durch jüngere Geschwister immer noch Kontakt zum Kindergarten, d.h., diese Welt ist ihnen wesentlich vertrauter, als der Alltag eines Seniorenzentrums. Natürlich haben die Schüler auch Großeltern, die wenigsten von ihnen sind wahrscheinlich im Altenheim; d.h., diese Welt ist ihnen nicht vertraut, also fremd. Das gleiche gilt für die Welt in Behindertenwerkstätten oder Heimen. Nur wenn Schüler bereits Kontakt zu behinderten Menschen hatten, ziehen sie eine solche Tätigkeit in Betracht.

Wir als Schule versuchen, diese Berührungsängste durch entsprechende Informationen und Maßnahmen abzubauen, das ist aber nicht einfach.

Für manche Schüler ist auch die Erreichbarkeit des SE-Platzes von vorrangiger Bedeutung bei der Wahl.

Welche Erfahrungen, die über die Schule hinausreichen, nehmen Jugendliche durch ihren Einsatz mit?

Leider bin ich erst zum dritten Mal dabei. Ich konnte lediglich feststellen, dass nach der Umstellung von Klasse 7 auf Klasse 9 beim ersten Durchlauf sehr viel Ablehnung bei den Schülern da war. Das hat sich geändert; den Schülern ist jetzt klar, SE gehört zum Schulalltag in Klasse 9, das muss sein, also wird es nicht mehr grundsätzlich infrage gestellt. Einzelne Schüler bemängeln aber nach wie vor, dass SE in der unterrichtsfreien Zeit abzuleisten ist, dass Klasse 9 ungeeignet sei, dass es Pflicht ist und nicht freiwillig ist ...

Ich denke, die Schüler nehmen sicherlich neue Erfahrungen mit, schon allein dadurch, dass sie sich mit anderen Lebenswelten auseinandersetzten müssen. Freiwillig würden viele das nicht machen.

Ich würde Folgendes zusammenfassend sagen:

Sie müssen durch ihren Dienst Verantwortung für andere Menschen übernehmen; sie sehen ganz konkret, dass ein Fehlverhalten Folgen für die ihnen anvertrauten Kinder oder Senioren hat.

Sie können die Arbeit in sozialen Berufen anders wertschätzen, auch wenn sie folgern, dass diese Berufe für sie nicht infrage kommen.

Sie erfahren ihre „Wirkung" auf andere Menschen auf einer ganz anderen Ebene als in der Schule. Sie bekommen Rückmeldung über sich, die nicht von Lehrern oder Eltern stammt. Das kann viele Schüler auch in ihrem Selbstwertgefühl bestärken.

Sie setzen sich z. B. mit dem Altwerden auseinander und werden dadurch sensibler im Umgang mit anderen Menschen aber auch im Umgang mit ihrem eigenen Leben.

Sie müssen sich in andere Menschen hineinversetzen, wenn sie ihre Aufgaben verantwortungsbewusst machen wollen. Davon profitieren sie für ihre Lebenswelten in der Schule, Familie und Freizeit. Vielleicht spüren sie aber auch, dass ihnen das nicht immer gelingt.

Für mich als Lehrer bleibt die Frage offen, ob der Zwang, also das verordnete Engagement, notwendig ist.

Luzia Geiß, Realschule Erolzheim

Jasmin Mohn ist Referentin für Sozialmarketing der St. Elisabeth-Stiftung.
Im Schülerheft schildert sie anschaulich die Erfahrungen von Schülerinnen und Schülern bei deren Begegnung mit Menschen mit Behinderung. Dabei wird deutlich, welche fruchtbaren Erfahrungen für Jugendliche damit verbunden sein können. Engagiert äußert sie auch ihre Meinung, warum sie ein soziales Pflichtjahr für alle Jugendlichen befürwortet.
In ihrem Lehrerheftbeitrag zeigt sie, wie durch Praktika die Inklusion und Integration von Menschen mit Behinderung in die Gesellschaft unterstützt werden kann und dass Jugendliche dadurch reifen und in ihrer Persönlichkeit hinzugewinnen. So gewinnen alle: Menschen mit Behinderung – die Jugendlichen – unsere Gesellschaft.

St. Elisabeth-Stiftung

Soziales Engagement – ist es cool, anders zu sein?!

Praktika im Rahmen des im Bildungsplan vorgeschriebenen „TOP SE" in einem sozialen Bereich

Das Praktikum sollte gut vorbereitet sein. Junge Menschen werden mit ungewohnten, teilweise herausfordernden Situationen in sozialen Einrichtungen konfrontiert.

Meine Erfahrungen beruhen auf der jahrelangen Begleitung von Realschulen bzw. ganz konkret, den Schülerinnen und Schülern bei ihren Praktika im Heggbacher Wohnverbund und Heggbacher Werkstattverbund der St. Elisabeth-Stiftung.

In diesen beiden Bereichen bieten wir Menschen mit geistiger und mehrfacher Behinderung ausdifferenzierte Wohnmöglichkeiten und Arbeitsplätze. Diese Angebote wurzeln auf der karitativen Arbeit der Franziskanerinnen von Reute, die vor 150

Jahren damit begonnen haben, sich an unterschiedlichen Standorten in den Landkreisen Biberach, Ravensburg und dem Alb-Donau-Kreis um alte, kranke und behinderte Menschen zu kümmern.

Das Kloster Heggbach, entstanden im 13. Jahrhundert, wurde nach einer wechselvollen Geschichte im Jahr 1887 den Franziskanerinnen von Reute übergeben, um dort auf Wunsch des Stifters Fürst Franz Wolfegg-Waldsee eine Pflegeanstalt für geistig und körperlich behinderte Menschen aufzubauen.

Wir dürfen im Jahr 2012 das 125-jährige Jubiläum Heggbachs als Zufluchts- und Lebensort für Menschen mit Behinderung feiern! Es hat sich natürlich viel getan in dieser Zeit: Die Arbeit mit und für Menschen mit Behinderung erlebte eine Professionalisierung, spezielle Berufsbilder entstanden. Der Beruf des Heilerziehungspflegers ist der klassische Beruf im Bereich Behindertenhilfe, der pädagogische und pflegerische Aspekte vereint und dazu befähigt, Menschen mit den unterschiedlichsten Beeinträchtigungen bei einer möglichst selbstständigen Lebensführung zu unterstützen. Des Weiteren finden sich alle weiteren Arten (heil)pädagogischer und pflegerischer Berufe in der Behindertenhilfe, denn die stark ausgeprägte interdisziplinäre Zusammenarbeit ist ein besonderes Merkmal dieses Bereichs.

Der Ablauf eines sozialen Praktikums in der Behindertenhilfe der St. Elisabeth-Stiftung

Es hat sich eine intensive Begleitung bewährt, denn insbesondere der Bereich „Behindertenhilfe" ist seitens der Schülerinnen und Schüler in der Regel mit sehr großen Berührungsängsten belegt. Viele entscheiden sich daher leichter für Praktika in Kindergärten oder Altenpflegeheimen.

Es muss grundsätzlich zu allen Formen beruflicher Praktika unterschieden werden. Beim Praktikum „Soziales Engagement" geht es rein um die persönliche Herausforderung des jungen Menschen durch die Begegnung zum Beispiel mit Menschen mit Behinderung. Bei einem beruflichen Praktikum geht es bereits um die Fragestellung der Eignung für diese berufliche Branche.

Einstieg – Besuch an der Schule mit folgenden Inhalten

- Informationen zum Thema Menschen mit Behinderung
  - Befragung der Schüler/-innen, was sie darüber wissen
  - Begriffsdefinition „Mensch mit Behinderung" anhand des Gesetzestextes §2 SGB IX* und Hinweis auf Rechte der Menschen mit Behinderung in §1 SGB IX; Diskriminierungsverbot in Art. 3 Abs. 3 GG**
- Beschreibung des Ablaufs der Praktikumswoche (Anfang, Ende, Pausen)
- Vorstellung der verschiedenen Praktikumsplätze im Bereich Wohnen, Arbeit und Freizeit
- Anonyme Befragung: auf grüne Zettel schreiben: Worauf freust du dich? Auf rote Zettel schreiben: Wovor hast du Angst? → dient als Anknüpfungspunkt für die Einführungsrunde

Einführungsrunde – Erster Tag der Praktikumswoche (Montag, morgens)

- Willkommen heißen in der Einrichtung
- Anonyme Befragung: Besprechen der auffälligsten Kommentare und Erwartungen
- Ablauf und Ansprechpartner klären, Verhalten bei Krankheit / Fehlen
- Umgangsformen mit Menschen mit Behinderung: Sie sagen, Höflichkeit, Respekt
- Eventuell kleine Vorübungen zur Einstimmung
  - Einer bekommt die Augen verbunden, der andere gibt „dem Blinden" einen Joghurt zu essen
  - Einer bekommt die Augen verbunden und wird von einem anderen im Gebäude oder auf dem Gelände herumgeführt
  - Einer sitzt im Rollstuhl, ein anderer schiebt
  - Einer will eine Geschichte erzählen (Zoobesuch, Lieblingstier Giraffe), kann aber nur „Ja" oder „Nein" sagen, der andere muss durch geschicktes Fragen auf die Geschichte kommen
- Rundgang durch Heggbach mit Verteilen der Schüler/-innen zu den Einsatzorten

Zwischenrunde – Halbzeit (Mittwoch, nachmittags)

- Rückmeldungen: Was ist bisher geschehen? – Wie geht es mir? – Was steht noch an?
- Fragen beantworten
- Namen und Geburtstage sammeln für Teilnahmebestätigungen
- Eventuell Selbsterfahrungsübungen (siehe Einführungsrunde) oder kleines Spiel zum Schluss

Abschlussrunde – Ende des Praktikums (Freitag, nachmittags)

- Auswertung der Woche, Erfahrungsberichte
- Gemeinsames Erinnern an den Anfang: Wie ging es mir noch am Montag? – Wie geht es mir jetzt?
- Ergebnis formulieren: Was bringt das Praktikum „Soziales Engagement" erstens mir selbst, zweitens den Menschen mit Behinderung?
- Austeilen der Teilnahmebestätigungen; gerne verwendet: Qualipass-Dokument

Dazwischen liegen die Anwesenheitszeiten am Einsatzort. Dort erfolgt die Begleitung der Schüler/-innen durch die jeweiligen Mitarbeiter/-innen der Einrichtung vor Ort.

Nutzen des „Sozialen Engagements"

Für den *Schüler* oder die *Schülerin* steht die persönliche Reifung und die Bewältigung der Herausforderung durch die Begegnung mit einer bisher fremden Lebenswelt im Vordergrund. Erwünschter Effekt ist, dass die Schüler/-innen nach Abschluss des Praktikums bei Menschen mit Behinderung ihre Berührungsängste abgebaut und ein Verständnis für deren besondere Lebenssituation entwickelt haben.

Manche erleben bei sich selbst neue Seiten und Fähigkeiten, nämlich, dass sie sehr gut mit anderen Menschen zurechtkommen und sich dabei sehr wohlfühlen. Einige erkennen vielleicht eine mögliche berufliche Perspektive im sozialen Bereich.

* SGB = Sozialgesetzbuch
** GG = Grundgesetz

Die Hoffnung ist, dass der junge Mensch, der diese Erfahrung positiv durchlaufen hat, für sein weiteres Leben geprägt ist und eine Mitverantwortung für das Wohl gesellschaftlicher Randgruppen, wie zum Beispiel Menschen mit Behinderung, sieht und sich für ein verbessertes gesellschaftliches Miteinander einsetzt.

Für die *Menschen mit Behinderung* bedeuten neue Kontakte immer eine Bereicherung ihres Alltags und stellen eine Erweiterung ihres sozialen Netzwerks dar, selbst wenn die Kontakte zeitlich befristet sind.

Für die *Einrichtung der Behindertenhilfe* bedeutet die enge Begleitung der Schülerinnen und Schüler einen hohen personellen und zeitlichen Aufwand. Gerechtfertigt wird er durch die Vielzahl der positiven Effekte bei den einzelnen *Beteiligten*. Außerdem kommt die Einrichtung somit ihrem selbst auferlegten Gebot an Transparenz und Öffentlichkeitsarbeit nach. Nicht zuletzt dienen diese und ähnliche Maßnahmen auch der (un)mittelbaren Mitarbeitergewinnung, insbesondere in Zeiten des Fachkräftemangels.

Die Inklusion und Integration von Menschen mit Behinderung in die Gesellschaft kann eine soziale Einrichtung nur in der engen Zusammenarbeit mit ihrem Umfeld umsetzen. Jungen Menschen Praktikumsplätze anzubieten, ist eine der vielen Maßnahmen, die dieses Vorhaben unterstützen.

Circa ein Drittel der Schüler/-innen erklärt sich in der Regel nach dem sozialen Praktikum für ein regelmäßiges oder zeitlich begrenztes freiwilliges Engagement bereit; geknüpfte Kontakte werden dadurch aufrechterhalten und die Einrichtung erfährt wertvolle Unterstützung durch ehrenamtliches Tun.

Fazit

Die teilweise etwas in Verruf geratene „Jugend von heute" kann im sozialen Praktikum genau das Gegenteil von dieser Zuschreibung beweisen. Das Einlassen auf ein fremdes Gegenüber, die erschwerte Kontaktaufnahme zu Menschen mit Beeinträchtigungen – Jugendliche, die sich dieser Herausforderung gestellt und in der Vergangenheit durchweg bewältigt haben, können nicht alleine nur „Partys, Alkohol und Drogen" im Sinn haben. Es fällt den meisten am Anfang überhaupt nicht leicht und diese Unsicherheit wird dann mit flotten Sprüchen überspielt. Doch helfen Menschen mit (geistiger) Behinderung durch ihre oft lebensfrohe und offenherzige Art aktiv dabei mit, das Eis brechen zu lassen. Viele Jugendliche können im engeren Umgang die Eigenheiten der Menschen mit Behinderung sehr gut akzeptieren. Die allermeisten zollen am Ende des Praktikums diesen Menschen ihren größten Respekt und nehmen sich den ein oder anderen, den sie kennenlernen durften, sogar als Vorbild in punkto Gelassenheit, Lebensfreude und Begeisterungsfähigkeit.

Jasmin Mohn, Referentin für Sozialmarketing

Vita Jasmin Mohn

Nach dem Abitur 1995 ein Jahr Praktikum in der Johannes-Diakonie Mosbach.

Daran anschließend dreijährige Ausbildung zur staatlich anerkannten Heilerziehungspflegerin.

Von 1999 bis 2000 Tätigkeit als Heilerziehungspflegerin in einer Wohngruppe auf dem Schwarzacher Hof sowie in einem Förder- und Betreuungsbereich einer Werkstatt für behinderte Menschen, Lebenshilfe Wiesloch.

2001 bis 2004 Studium der Sozialwirtschaft an der Dualen Hochschule in Schwenningen, Praxispartner: RAH Reutlinger AltenHilfe gGmbH.

Seit 1.1.2005: Tätigkeit als Diplom-Sozialwirtin bei der St. Elisabeth-Stiftung, Bad Waldsee. Von 2005 bis 2011 im Heggbacher Wohnverbund, zuständig für das Freiwilligenmanagement (Gewinnung, Vermittlung und Betreuung ehrenamtlicher Helferinnen und Helfer; Begleitung „Soziales Engagement" von Schülerinnen und Schülern und soziales Lernen von Firmen-Azubis).

Seit 2011 in der Stiftungszentrale im Referat Kommunikation tätig als Referentin für Sozialmarketing mit den Aufgabenbereichen Fundraising und Öffentlichkeitsarbeit.

St. Elisabeth-Stiftung
Referat Kommunikation

Steinacher Straße 70
88339 Bad Waldsee

Tel.: 07524 906290
Fax: 07524 9065290
E-Mail: jasmin.mohn@st-elisabeth-stiftung.de

St. Elisabeth-Stiftung

Zum Nachschlagen/Weiterlesen: *www*

St. Elisabeth-Stiftung: www.st-elisabeth-stiftung.de

Berufsbild Heilerziehungspfleger:
http://www.ifsb.rv.schule-bw.de

Sozialgesetzbuch: www.sozialgesetzbuch.de

Grundgesetz: www.bundestag.de

Qualipass Baden-Württemberg: www.qualipass.info

Ministerium für Arbeit und Sozialordnung, Familie, Frauen und Senioren:
http://www.sozialministerium.de/de/Menschen_mit_Behinderung/82095.html

JuhA
Jung hilft Alt

Josef Martin ist Beisitzer des Kreisseniorenrats Biberach für den Verwaltungsraum
Riedlingen und Vorsitzender der Seniorengenossenschaft Riedlingen e. V.
In seinem Beitrag stellt er die Intentionen des Projektes „Jung hilft Alt" vor und erläutert auch, weshalb „JuhA" nach dem
Prinzip „Leistung gegen Taschengeld" den Jugendlichen auch einen kleinen finanziellen Anreiz bietet.

Jung und Alt in unserer Gesellschaft – das Verständnis zwischen den Generationen ausbauen

Zu allen Zeiten gab es Auseinandersetzungen zwischen Jung und Alt und die Meinung, dass diese nicht zusammenpassen, besser getrennte Wege gehen sollten. In Wirklichkeit ist aber ein Miteinander angesagt und auch notwendig.

Es ist von Generationengerechtigkeit die Rede, ein wichtiges Anliegen, aber ständig im Fluss und beeinflusst von vielen Faktoren:

• Der Anzahl der jungen und älteren Menschen
• Deren wirtschaftliche Situation
• Den Zukunftsperspektiven der Jüngeren
• Dem Hilfe- und Unterstützungsbedarf der Älteren

Jede Altersgruppe hat ihre spezifischen Funktionen in der Gesellschaft und trotz aller unterschiedlicher Interessen sind alle aufeinander angewiesen. Wichtig ist gegenseitiges Verständnis und vorbehaltloses Aufeinanderzugehen. Alle leisten einen Beitrag für die Entwicklung der Gesellschaft:

• Die Jugend durch ihre Offenheit für Neues und dem Bestreben, Entwicklungen voranzutreiben
• Die Älteren bringen ihre Lebenserfahrung ein; der Rat der Älteren ist wichtig, um Fehlentwicklungen zu vermeiden, jungen Menschen zu helfen, ihre Kenntnisse auszubauen und zu vertiefen. Dabei geht es nicht nur um Wissen und Fähigkeiten im Beruf, sondern insbesondere auch um soziale und politische Thematiken.

Gesellschaft funktioniert im Grunde gleich wie Familie – sich gegenseitig helfen und unterstützen, füreinander einstehen, bringt jedem Vorteile. Man gibt etwas und erhält dafür etwas, was man selbst sonst nicht oder nur schwer erreichen würde. In der Zukunft kommt es darauf an, das Verständnis zwischen den Generationen auszubauen. Jeder, der daran mitarbeitet, leistet einen wichtigen Beitrag für die Gesellschaft, und er wird aber auch selbst davon profitieren.

Dies zu befördern, ist ein zentrales Anliegen des Projektes „JuhA". Junge Menschen sollen mit der Lebensrealität Älterer vertraut gemacht werden, es soll Verständnis für die besonderen Probleme und Bedürfnisse dieser Menschen geweckt werden. Durch den Kontakt mit Jüngeren bekommen die Älteren Einblick in die Welt der Heranwachsenden, auch in deren Ängste und Besorgnisse. Durch die Kenntnisse voneinander, können soziale Spannungen zwischen den verschiedenen Generationen vermieden oder zumindest minimiert werden. Das Ganze spielt sich so ab, dass junge Menschen anbieten, bestimmte Aufgaben bei Älteren zu übernehmen, die diese selbst nicht mehr leisten können oder die diesen zu beschwerlich sind. Es gilt dabei der Grundsatz, jede Arbeit, jede Leistung ist ihres Lohnes Wert.

Aus diesem Grunde wird dabei nicht allein auf ehrenamtliche Tätigkeit gesetzt. Diese ist zwar ein hohes Gut, die Erfahrung zeigt aber, dass nicht alles über das Ehrenamt zu regeln ist. Wenn eine regelmäßige Leistung erwartet wird, ist in der Regel eine Gegenleistung erforderlich. Diese kann unterschiedlichster Art sein, es gibt ja verschiedenste Tauschsysteme. Jemand hilft im Garten und erhält dafür etwas Gemüse. Ein solch direkter Tausch ist aber nicht immer möglich, weil das, was jemand zu geben in der Lage ist, vom anderen möglicherweise gar nicht gebraucht wird.

Wenn es für eine ältere Dame zu beschwerlich ist, eine weitere Strecke zu Fuß zurückzulegen um einzukaufen, nimmt sie gerne das Angebot von Jüngeren an, dies für sie zu erledigen. Als Gegenleistung übergibt sie diesen einen kleinen Geldbetrag, der zur Aufbesserung des Taschengeldes dient. Damit haben beide einen Nutzen und ganz oft entwickeln sich hieraus auch sehr gute zwischenmenschliche Beziehungen, das Verständnis füreinander wächst.

Häufig gibt es Meinungen, dass man für solche Unterstützung doch kein Geld geben oder nehmen sollte, sondern dass dies ehrenamtlich gemacht werden soll. Die Erfahrung aus der Vergangenheit zeigt aber, dass Ehrenamt nicht immer praktikabel ist. Bei einmaliger oder kurzfristiger Hilfe klappt es ja meist, sobald aber regelmäßig Unterstützung gebraucht wird, kann man sich auf ehrenamtliche Hilfe nicht wirklich verlassen. Wir Menschen sind nun einmal so gestrickt, dass wir zwar gerne helfen, aber eben nicht ganz selbstlos, wenn eine solche Hilfe regelmäßig gefordert wird.

Ähnliche Modellprojekte wie das der „JuhA" im Land Baden-Württemberg aus dem Jahr 1991 haben gezeigt, dass nachhaltig notwendige Hilfe auf ehrenamtlicher Basis nicht immer gelingt. Bei neun Projekten, die zum Ziel hatten, ältere Menschen im Alltag zu unterstützen, mit all dem, was sie brauchen, arbeiteten sieben dieser Projekte voll ehrenamtlich, d.h., es wurde für die geleistete Arbeit kein Entgelt gewährt, es wurde nur in Aussicht gestellt, dass man später bei eigenem Bedarf ebenfalls kostenlose Hilfe erhalten könne. Die Praxis zeigte, dass dieses Versprechen meist nicht eingelöst werden konnte, weil sich zu wenig Menschen bereit erklärten, zu diesen Konditionen mitzumachen. Die Hälfte dieser Projekte hat inzwischen aufgegeben, die anderen existieren noch, es fand aber keine Entwicklung statt, sie sind immer noch auf dem Stand der Gründerzeit.

Zwei dieser Modellprojekte hatten von Anfang an ein Entgelt für die Helfer gewährt, und obwohl dieses nur einen bescheidenen Umfang hatte, waren immer genügend Menschen zu finden, die bereit waren, auf dieser Basis mitzuarbeiten. Beide Projekte haben sich in der Folge hervorragend entwickelt,

Ein weiteres wichtiges Ziel des „JuhA"-Projektes ist es, Jugendliche bei der Berufswahl auf das Spektrum der Sozialberufe aufmerksam zu machen. Die Zukunftsaussichten in diesen Berufen werden aufgrund der demografischen Entwicklung sehr gut sein, und es sind Berufe, die persönlich eine große Zufriedenheit bringen und eine gute Lebensperspektive bieten.

Josef Martin – Beisitzer des Kreisseniorenrats Biberach für den Verwaltungsraum Riedlingen, Vorsitzender der Seniorengenossenschaft Riedlingen e. V.

„JuhA" funktioniert nach dem Prinzip „Leistung gegen Taschengeld"

Wer einen Auftrag für die Jugendlichen der „JuhA" hat, meldet diesen telefonisch an. Die Jugendlichen vereinbaren dann einen Termin und helfen in verschiedenen Bereichen der Alltäglichkeit. Wenn der kleine Hilfsdienst vom Jugendlichen zur Zufriedenheit ausgeführt wurde, wird er durch Zugabe zum Taschengeld entlohnt.

Mentoren kümmern sich um den Ablauf und die Jugendlichen. Diese besuchen auch Schulen, um für das Projekt zu werben.

Die Jugendlichen und die Mentoren weisen sich durch einen „Juha"-Ausweis aus.

Jugendliche, die sich bei „JuhA" engagieren, bekommen nach sechs Monaten aktiven Einsatzes ein Sozialzeugnis ausgestellt.

© Foto: JuhA

Leistungen der JuhA	Taschengeld	Zeitlimit
Einkauf	2,50 €	kein
Botengang	2,50 €	kein
Hund ausführen	2,50 €	kein
Kleine Hilfen im Haushalt wie Spülen, Staubsaugen, Abstauben	2,50 €	kein
Rasenmähen, Zusammenrechen	5,00 €	pro/30 Min.
Gartenhilfe allgemein	5,00 €	pro/30 Min.
Laubkehren/-saugen	5,00 €	pro/30 Min.
Schneeschippen	5,00 €	pro/30 Min.
Autowaschen	5,00 €	pro/30 Min.
Hilfe am PC, Brief schreiben/vorlesen	2,50 €	kein
Aktivität wie Karten- und Schachspielen, Spazierengehen, gemeinsame Besuche von kulturellen Angeboten	2,50 €	kein
In Urlaubs- oder Krankheitsvertretung Haustiere füttern / ausführen, Blumen gießen	7,50 €	pro Tag

Michael Wissussek, Pflege- und Betreuungsmanager des Notfall- und Demenzlotsensystems, Verwaltungsraum Riedlingen, ist Mitinitiator von „JuhA". In seinem Beitrag thematisiert er die Notwendigkeit der Wertschätzung des Engagements der Jugendlichen.

„Null Bock" auf die Gesellschaft?!

Eigentlich sollte der Blick in die Zukunft der Blick in die Vergangenheit sein, um sich an die eigene Jugendzeit zu erinnern und um den Gedanken an Gemeinschaft und der Fürsorge vielleicht wiederzufinden.

„Chillige" Zeiten sind es heute, in der Jugendliche einer ambivalenten Politik und einer oft gleichgültigen Gesellschaft begegnen, oft zu verworren und haltlos, um in ihr Strukturen und Zukunftsperspektiven zu finden. Für die „Zukunftsgeber – Jugend" steht die Identifikation deshalb oft versus dem Engagement, weil Anerkennung, Motivation und Wertschätzung nicht oder zu wenig erfahren werden.

Im Rückblick gestehe ich mir selbst ein, dass ich meine „Null-Bock-Phase" gerne auslebte, am Wochenende dem Rock 'n' Roll oder den Demos meine Zeit widmete und dies als „lebenserfüllend" einstufen konnte, aber es war die Familie im Hintergrund, die Gemeinschaft, die Jugendgruppen, die Schule, die Menschen eben, die sich Zeit nahmen, Strukturen setzten, diese vorlebten und Halt gaben. Trotz aller Jugendspinnerei, das Verhältnis zwischen Jung und Alt war ausgeglichener, und für mich war es schon damals Ehrensache und Taschengelderwerb, für die Senioren einmal einzukaufen oder kleine Hilfen anzubieten.

Heute, in meiner Arbeit als Pflege- und Betreuungsmanager des Notfall- und Demenzlotsensystems, begegne ich wieder vielen Menschen, denen es ebenfalls Ehrensache ist, Bedürftigen zu helfen. Leider reicht die Zahl der Ehrenamtlichen nicht mehr aus, um für die steigende Zahl alter, besonders auch demenzkranker Menschen eine Unterstützung anzubieten.

Mit der Idee, Jugendliche zu integrieren und ihnen Verantwortung und Fürsorge zu übertragen, war die „JuhA" im Juni 2012 geboren. Vom kleinen Hilfsdienst bis zu regelmäßigen Besuchsdiensten, Boten- oder Einkaufsgängen haben Jugendliche aus dem Landkreis Biberach nun die Möglichkeit, sich zu engagieren und ihr Taschengeld etwas aufzubessern. Die „JuhA" kann eine Förderung zum besseren Verständnis zwischen Jung und Alt, aber auch die Brücke zur Kommunikation und Unterstützung anderer Hilfsdienste, wie Nachbarschaftshilfen sein. Warum muss die sechzigjährige Nachbarschaftshelferin den Rasen mähen, wo diese Arbeit von einem „JuhA"-Helfer mühelos und gern gemacht werden kann?

Ein Umdenken, welches im generationsübergreifenden Handeln dem demographischen Wandel begegnet. Nicht zu unterschätzen ist, dass die „JuhA" den Jugendlichen bei der beruflichen Orientierung hilft, Jugendliche ihre soziale Kompetenz erweitern können und soziales Engagement bei Bewerbungen um Ausbildungsplätze sehr positiv von Arbeitgebern gesehen wird.

Michael Wissussek

Diese Lehrerhandreichungen begleiten das gleichnamige Schülerheft, sie enthalten neben Beiträgen zur Themenanalyse und Fachbeiträgen auch Hinweise auf Medienangebote. Parallel zum Schülerheft gibt der Unterrichtsteil didaktisch-methodische Hinweise und hält Lösungen für die Aufgaben und Schreibanlässe bereit.

Eine sukzessive Vorgehensweise anhand des Schülerheftes ist möglich (der Materialieninnenteil auf den Seiten 31 bis 44 ausgenommen). Bei der Recherche und den Aufgabenvorschlägen bewährt sich schon der Zeitökonomie wegen die gruppenteilige Spezialisierung auf Schwerpunkte. Es ist darauf zu achten, dass die Gruppenergebnisse immer für alle zugänglich und verfügbar sein müssen.

Natürlich ermöglicht das Thema ein fächerverbindendes Vorgehen. Kunst, Ethik, Religion können Beiträge einbringen oder Themenschwerpunkte vertiefen.

Im Unterrichtsteil dieser Lehrerhandreichungen werden die Intentionen und die Verwendung des Schülerhefts ausführlich erläutert. Die Folgeseite gibt einen Überblick über dessen Aufbau und die Einsatzmöglichkeiten.

Die Schülerinnen und Schüler können weitgehend selbstständig mit dem Heft arbeiten, nachdem die *Erschließung der Impulstexte und der Überblick über das Thema gemeinsam erarbeitet wurden.*

In einigen Aufgaben und Vorschlägen werden Gruppen- und Partnerarbeit angeregt.

Viele der schriftlichen Auseinandersetzungen mit dem Thema, die detaillierten Auswertungen von Texten und Informationsmaterial sowie die Schreibaufgaben werden von den Schülern in ihren Fachhefter geschrieben. Im Schülerheft selbst ist hierfür nicht genügend Platz, das würde den Rahmen auch sprengen. Zudem soll Schülern auch bewusst werden, dass argumentative Texte nicht zu kurz ausfallen dürfen, um ihre Wirkung zu erzielen.

Im Schülerheft entsteht aber in der Folge der Erarbeitung des Themas eine umfassende Orientierungshilfe und Materialsammlung, die Wertungen und Positionen für das Verfassen eigener Texte vorbereiten.

Die Infoseiten und Texte, insbesondere der Materialienteil auf den Seiten 31 bis 44, können wie andere ausgewertet und in das Kompendium übernommen werden.

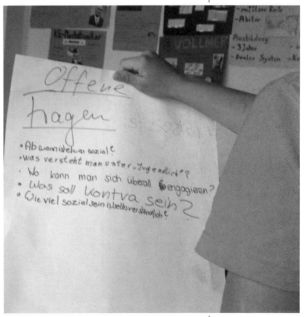

Begleitend zum Unterrichtsfortgang, gleich, in welcher Organisationsform und Methode, sollten die zu Beginn der Arbeit entstehenden großen Papierbögen mit den zentralen Begriffen und Assoziationen zur Thematik im Klassenzimmer ausgehängt und vervollständigt werden. Sie sollen in jeder Phase als Arbeitsgrundlage, als Ergänzung des Kompendiums, als Anregung und Ideenpool genutzt werden.

Ebenfalls nicht zu vernachlässigen für die Partizipation aller Schüler sind das Kommunizieren, Darlegen und Diskutieren von Zwischenergebnissen. Auch das Überarbeiten von Schülertexten mit einem Partner oder innerhalb eines Teams sollte Bestandteil des Unterrichts sein, wobei natürlich auch außerunterrichtlich gearbeitet werden kann.

Das Schülerheft im Überblick

Themenbereich	Schüler- heft	Didaktische Hinweise
Erschließung des Themas	S. 2 – 14	• Ausgangspunkt sind die eigenen Ideen und Vorstellungen der Schüler (Erarbeitung von großen Papierbögen mit Begriffen) – das Puzzle gleichzeitig als Symbol für die Vielschichtigkeit der Engagementmöglichkeiten und des Themas • Erschließung der Impulstexte als Komplex und damit Strukturierung des Themas und seiner Teilbereiche • Überblick über das Thema als „roter Faden" und Rechercheorientierung
	S. 15 – 17	• Überblick verschaffen über die Bereiche, in denen man sich sozial engagieren kann und die verschiedenen Formen des Engagements – Gruppenarbeit (Vorlage für die Zusammenstellung der Informationen) – Erarbeitung von Basiswissen • Recherche in der eigenen Umgebung (Arbeit außerhalb des Unterrichts) • Persönlicher Ist-Stand / Ist-Stand im Lebensumfeld
Begriffsklärung „soziales Engagement"	S. 18 – 20	• Auseinandersetzungen mit dem Begriff – Diskussion in Kleingruppen und im Plenum • Zuordnung von Tätigkeiten und Begründung • Erstellen eines eigenen Kriterienkatalogs für „soziales Engagement"
Musterinternetrecherche	S. 19 – 20	• Erläuterung der Vorgehensweise am Beispiel „Jugend in Verruf" (auf andere Teilbereiche des Themas anwendbar) • Aufbereitung von Materialien fürs Kompendium • Einbeziehung der Kompendiumsarbeit S. 56 – 57
Erarbeitung einer Musterschreibaufgabe zum Thema „Engagement in der Seniorenbetreuung"	S. 21 – 30	• Angebotene Texte zur Thematik auswerten (markieren, exzerpieren) • Schlussfolgerungen ziehen • Persönlich dazu Stellung nehmen • Schrittweises Vorgehens bei einer Schreibaufgabe (übertragbar auf andere Schreibaufgaben im Heft oder auf CD) unter Verwendung des Kompendiums; eventuell einbeziehen „Zitieren" SH S. 46) • In der Musteraufgabe werden die Informations-auswertung, die Verwendung der eigenen, recherchierten Materialien und derer aus dem Schülerheft trainiert • Kleinschrittiges Aufbauen und Formulieren von Argumenten üben
Angebote für das Kompendium (Die Inhalte und Verwendungsmöglichkeiten werden hier im Lehrerheft in einer Übersicht auf den Seiten 52 – 53 vorgestellt)	S. 31 – 44	• Textauswahl zur Auswertung fürs Kompendium Zeitersparnis und Erleichterung beim Recherchieren • Eigenständige Arbeit und Auswahl der Schüler • Aufgaben im Schülerheft nicht an die Textauswahl gebunden, aber Schüler können natürlich darauf zurückgreifen, wenn sie geeignete Argumente und Informationen darin finden
Freiwilligendienste	S. 44	• Auseinandersetzung mit dem Freiwilligendienst • Rückgriff auf den erarbeiteten Überblick (SH S. 15) • Kreative Gestaltungsaufgabe, die nicht zwingend von allen bearbeitet werden muss
Motive und „Gewinn" des sozialen Engagements bei Jugendlichen	S. 45 – 46	• Auswertung der Informationen aus den unterschiedlichen Quellen • Das Zitieren wird anhand dieser Thematik geübt
Soziales Engagement – eine Frage der Ehre oder Pflicht?	S. 47 – 48	• Auseinandersetzung mit dem Begriff „Ehre / Ehrensache" • Nachschlagen, definieren • Stellung nehmen – gerne auch als „Hammelsprung" • Auseinandersetzung mit Statements – beurteilen, widerlegen, zustimmen • Argumente aufbauen wird geübt
Wert und Würdigung des Ehrenamts	S. 49 – 52	• Was ist es einem selbst wert (Freizeit opfern?), den anderen? Der Gesellschaft? • Szenario einer Gesellschaft mit und ohne Ehrenamt • Diskussion über „Entlohnung" und Missbrauch • Eigene Position / Idee zur Entlohnung
Übergreifende Schreibaufgaben	S. 53 – 55	• Flyergestaltung als Aufruf zum Mitmachen • Interview zum Ruf der Jugend in Bezug auf soziales Engagement • Wiederholung der Textsortenmerkmale und Überarbeitungstipps
Arbeit mit dem Kompendium	S. 56 – 57	• Hinweise zum Erstellen und Organisieren des Kompendiums

Einstieg ins Thema

Der Einstieg ins Thema erfolgt zunächst über die individuellen Erfahrungen bzw. Vorstellungen der Schülerinnen und Schüler zur Thematik. Anhand von Fotos und Zitaten erhalten die Jugendlichen Denkanstöße, welche Aspekte zur Thematik gehören, und die Möglichkeit, sich bereits mit einem Partner oder innerhalb einer kleinen Schülergruppe auszutauschen. Im Ergebnis dieses Austausches wird klar werden, dass vielerlei Ansatzpunkte innerhalb dieser Thematik miteinander verwoben sind. Auch wird klar, dass das Verständnis von sozialem Engagement einige Fragen aufwirft, die sich sowohl um die Abgrenzung solcher Tätigkeiten als auch um mögliche Aufgabenbereiche drehen.

Das Sammeln der Vorstellungen der Schülerinnen und Schüler zum Thema ist Ausgangspunkt der Arbeit:

Hierfür wird das Rahmenthema **„Jugendliche und soziales Engagement – Ist Helfen Ehrensache?"** im Klassenzimmer visualisiert (Tafelanschrieb, Projektion). Im Zimmer liegen große Blätter mit den Begriffen, aus denen sich das Rahmenthema zusammensetzt, aus – Schüler gehen im Zimmer herum und tragen Worte (auch kurze Wortgruppen) ein, die sie mit den Begriffen verbinden (auch in Kleingruppen möglich). Es ist auch denkbar, die Sinneinheiten zu nutzen: *Jugendliche, soziales Engagement – Ist Helfen Ehrensache?*

J U G E N D L I C H E	H E L F E N	E N G A G E M E N T	E H R E N S A C H E	S O Z I A L E S

Schülerinnen und Schüler der Klasse 9f der Dollinger-Realschule in Biberach haben passend dazu Einfälle in Gruppen zusammengetragen und auf Plakate geschrieben.

- Die Auswertung erfolgt im Klassenverband, dabei werden Doppelungen zusammengeführt.
- Wenn die Schüler bereits auf Unsicherheiten, Unstimmigkeiten oder Fragen stoßen, notieren sie diese auf Kärtchen, die in einer „Frage-Box" gesammelt werden. Nach der Erschließung aller Impulstexte kann darauf zurückgegriffen werden und eine erste Auswahl (auch Aussortieren von bereits geklärten Sachverhalten) wird vorgenommen. Der „Rest" wird im Laufe der Arbeit im Auge behalten und an entsprechenden Stellen aufgegriffen.

„Jugendliche und soziales Engagement – Ist Helfen Ehrensache?"   SH 2

Aus den Inhalten der Plakate, aber auch aus eigenen Überlegungen, den Bildimpulsen und den Zitaten erstellen die Schüler nun ihr persönliches Puzzle zur Thematik. Es bietet sich an, farbig zu markieren, mit welchen Puzzle-Teilen man bereits selbst aktuell verbunden ist.

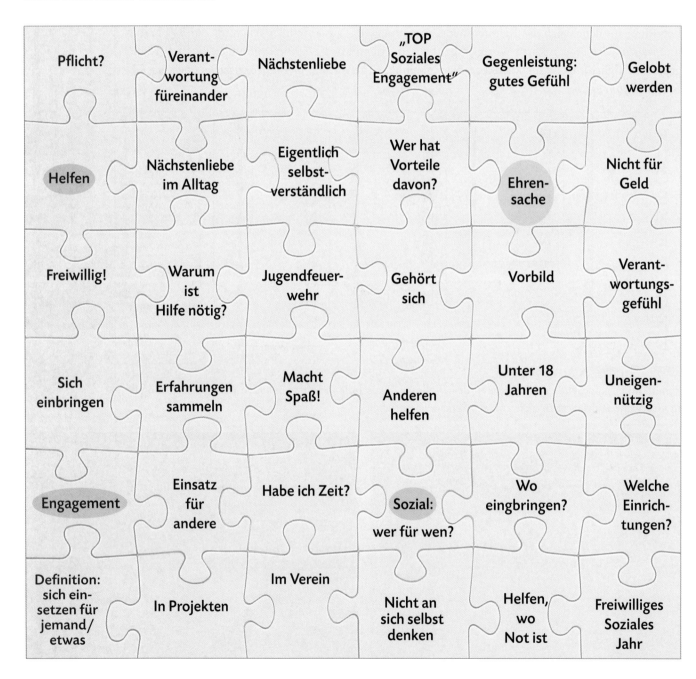

Puzzle: © Dream-Emotion – Fotolia.com

Wenn Sie die Auswertung in Form des Puzzles durchführen, können Sie die Kopiervorlage mit einem Kopierer vergrößern.

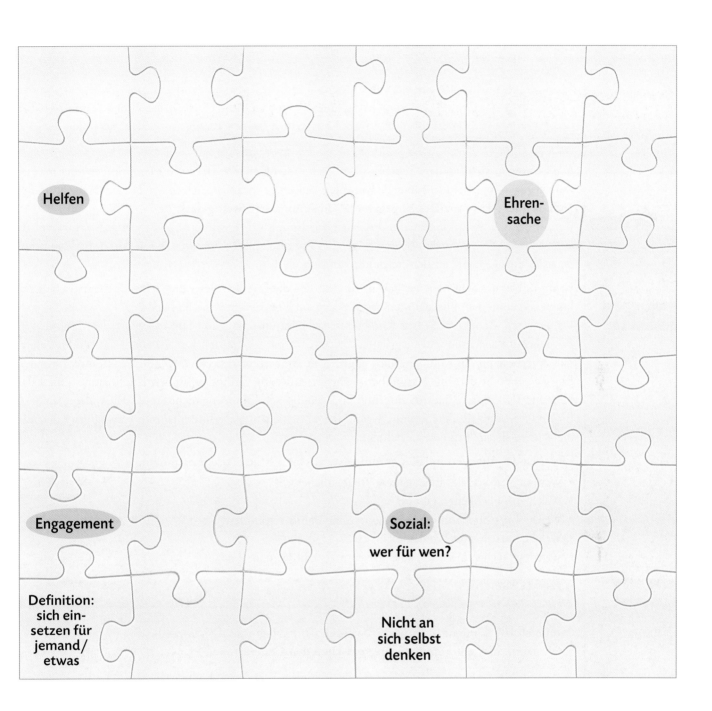

Helfen

Ehren-
sache

Engagement

Sozial:

wer für wen?

Definition:
sich ein-
setzen für
jemand/
etwas

Nicht an
sich selbst
denken

Impulstexte regen an und geben Hinweise

Die vorgegebenen Impulstexte grenzen das Rahmenthema „Jugendliche und soziales Engagement – Ist Helfen Ehrensache?" ein. Die Auswertung ergibt Anregungen und Spuren, welche Themen und Aspekte zu recherchieren und zu untersuchen sind.

Unsere Auswertung mit einer Schulklasse, der Klasse 9f der Dollinger-Realschule Biberach mit Realschullehrerin Rosemarie Fischer zeigte, dass der zeitliche Aufwand dafür groß ist. Das liegt einerseits am Umfang der Impulstexte, vor allem aber an deren Komplexität als journalistische Texte. Deshalb haben wurde der Erschließung der Impulstexte einen breiten Raum mit differenzierenden Aufgabenformen eingeräumt.

Die **Lösungen zu allen drei Texten** sollten nach individueller Vorarbeit in Kleingruppen oder im Plenum erfolgen, in jedem Fall aber als **Komplex**. Sukzessiv erschließt sich so der Themenbereich, und es wird deutlich, dass **„soziales Engagement" in summa sehr weit gefasst** ist.

Eine frühe Schülerdiskussion unmittelbar nach Impulstext 1 würde unnötig viel Zeit erfordern, da aufgeworfene Fragen in den beiden folgenden Impulstexten beantwortet werden und die Definition „soziales Engagement" an Beispielen konkretisiert wird.

Beim Aufbau des Schülerheftes haben wir natürlich die Impulse dieser drei Texte als thematische Leitlinien aufgenommen und nehmen daher Bezug auf Textpassagen und Aussagen.

Daher haben wir auch zu Robert Knollmann (siehe Impulstext 1) und Tinka Greve (siehe Impulstext 2) Kontakt aufgenommen und sie gebeten, Beiträge für das Schülerheft zu verfassen. Diese sind im Heftteil „Angebote für das Kompendium" abgedruckt. Sie zeigen, dass viele Jugendliche mit ihrem sozialen Engagement eine persönliche und berufliche Orientierung verbinden. Robert Knollmann studiert das Lehramt, Tinka Greve hat sich aufgrund ihrer schulischen Erfahrung nicht für die Altenpflege, sondern für ein Projekt im Kindergarten in Argentinien entschieden. Nach ihrem Jahr im Freiwilligen Friedensdienst wird sie ein Studium aufnehmen.

Erst nach der **Auswertung aller Impulstexte** erfolgt die thematische Sammlung:

- Was umfasst „soziales Engagement" Jugendlicher?
- Welche Möglichkeiten gibt es?
- Welche Intentionen und Motivationen sind damit verbunden?
- Welche Vorteile und Probleme gibt es?
- Was muss recherchiert und sukzessive untersucht werden?

Impulstext 1

Jugend – In Verruf
Denn wahrgenommen werden die 12- bis 25-Jährigen – so lange dauert für die Wissenschaft …

SH 36 – 38

SH 3 – 6

Impulstext 1

Impulstext 1 **„Jugend – In Verruf"** von Ulrike Frenkel war als Zeitungsbeitrag in der Stuttgarter Zeitung tituliert mit **„Funkstörung zwischen den Generationen"**.

In Impulstext 1 „Jugend – In Verruf" gilt es zunächst, einige Begriffe zu klären. Das könnte vorab durch eine Gruppe erfolgen:

Begriffe klären

Selbstzahlerkasse – eine Kasse ohne Kassiererin; der Kunde muss selbst seine gekauften Waren erfassen und per EC-Karte bezahlen

Emnid-Untersuchung – bekanntes Institut, das zu politischen und sozialen Fragen Befragungen durchführt

Priorität – Vorrang

Jugendsurvey – Untersuchung, Erhebung, Befragungen zu Themen, die insbesondere Jugendliche betreffen; es gibt verschiedene davon, zum Teil weichen deren Ergebnisse etwas voneinander ab

Konformismus – Anpassung

Tugenden – ursprüngliche Grundbedeutung: Tauglichkeit (Tüchtigkeit, Vorzüglichkeit) einer Person. Eine Tugend ist eine hervorragende Eigenschaft oder vorbildliche Haltung oder eine als erstrebenswert geltende Charaktereigenschaft, die eine Person befähigt, Gutes anzustreben.

Zukunftsskeptizismus – Unsicherheiten bezüglich der Zukunft, Sorge vor Verschlechterungen

Protestkultur – Protest, Widerspruch, verstanden als notwendig, um in der Gesellschaft etwas voranzubringen

Konditionen – Bedingungen, hier im Sinne von Mitbestimmungsmöglichkeiten

Die Argumentationskette des Textes:

Nach einem exemplarisch positiven Beispiel in Form der Unterstützung eines älteren Ehepaares an einer Scannerkasse durch einen Jugendlichen, schildert die Autorin den **„Verruf der Jugend":**
Viele Erwachsenen nehmen Jugendliche in erster Linie als problematisch, als gewalttätig und exzessiv wahr. Das zitierte „Alt gegen Jung – das Duell der Generationen" – und die negativen Wahrnehmungen scheinen zu einem guten Teil den Massenmedien und deren Funktionsweise geschuldet.

„Einzelereignisse dürfen nicht eine ganze Generation in Verruf bringen", schlussfolgert daher der Sozialwissenschaftler Klaus Hurrelmann.

Dieser Aufforderung folgend, nimmt Frenkel ihr positives Eingangsbeispiel auf und führt im zweiten Teil **„Erfreuliches"** auf, über das berichtet werden kann.

Die kurze Darstellung des Engagements Robert Knollmanns aus dem oberbayerischen Weyarn, der sich sowohl sozial in der Kinderbetreuung als auch politisch im Jugendausschuss seiner Gemeinde betätigt, führt sie als Beleg für die Ergebnisse des letzten Jugendsurveys des Deutschen Jugendinstituts München auf: Soziale Werte wie Gemeinschaft und Verantwortung genießen bei Jugendlichen hohe Priorität, viele Jugendliche engagieren sich sozial.

Im letzten Abschnitt: **„Zwischen Verwirklichung und dem Streben nach Sicherheit"** wird die Problematik aus der Sicht Jugendlicher thematisiert. Dies geschieht in Form von Aussagen, die aufgrund ihrer Abstraktion und informativen Dichte teilweise schwer zu verstehen sind.

Die Aussagen:

* Die Anzahl der Jugendlichen, die sich engagieren, ist laut letztem Jugendsurvey des Deutschen Jugendinstituts München positiv, jedoch leicht rückläufig.
* Jugendliche suchen einerseits nach Selbstverwirklichung, zugleich aber streben sie nach Sicherheit (Schule, Ausbildung, Zukunft, Familie).
* Traditionelle Werte wie Pflichtbewusstsein und Leistung sind ihnen wichtig, was Meinungsforscher zum Teil auf Zukunftsängste zurückführen (prekäre Arbeitsplätze, soziale Absicherung, Finanzkrise, Staatsverschuldung, Umweltprobleme).
* Der Leistungsdruck wird von vielen Jugendlichen als zunehmend erfahren.
* Diese Situation könne zu einer neuen „Protestkultur" führen.
* Verantwortlich für diese Probleme ist die jetzige Erwachsenengeneration.
* Es sei daher sehr wichtig, dass die ältere Generation die jüngere aktiv in die Entscheidungen für die Zukunft einbindet.
* Soziales Engagement eröffnet viele Berührungspunkte zwischen den Generationen.

Einige der Aussagen des Textes aus Soziologen-Perspektive sind Jugendlichen (15 bis 17 Jahre), die wir befragten und die sich zu ihrem sozialen Engagement äußerten, so allenfalls nur vage bewusst. Darauf angesprochen, nannten einige demographische Entwicklungen (Alterspyramide) und – falls eventuell schulisch behandelt – die Renten als Problem bei der Generationengerechtigkeit.

Aufgabe 1

SH 5

„Jugend in Verruf" – wird untermauert	„Jugend in Verruf" – wird widerlegt
• Distanz und Misstrauen älterer Menschen gegenüber Jugendlichen – Beispiel Selbstzahlerkasse bei IKEA • negative Auffälligkeiten sofort in den Medien • Umfrage: 81 Prozent sehen Gewalttätigkeit Jugendlicher gestiegen • Zahl der gemeldeten Körperverletzungen sei stark angestiegen • Jugend-Außenwahrnehmung und Selbstbeschreibung der Jugendlichen klaffen auseinander	• eine große Zahl Jugendlicher engagiert sich ehrenamtlich • die Mehrheit der Jugendlichen ist positiv einzuschätzen • Werte der Jugendlichen laut Jugendsurvey: soziale Werte, Pflichtbewusstsein, Leistung – Konformismus und Egoismus mehrheitlich abgelehnt, aber auch steigender Zukunftsskeptizismus • dem schlechten Ruf der Jugend kann entgegengewirkt werden, wenn sich die Generationen besser kennenlernen

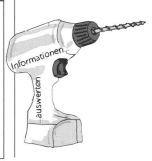

Aufgabe 2

Thesen	Stelle im Impulstext (Zwischenüberschrift)
• Viele Jugendliche engagieren sich in ihrer Freizeit ehrenamtlich.	• 1. Satz: „Es gibt auch Erfreuliches zu berichten" (Beispiel Robert Knollmann)
• Die ältere und die jüngere Generation befinden sich in einem „Konkurrenzkampf" um die größere Teilhabe am gesellschaftlichen Leben.	• Letzter Satz des Textes: „Die Gestalt der Lebensphase Jugend [...] teilhaben lässt." (Zitat Klaus Hurrelmann)
• Jugendliche werden häufig über einen Kamm geschert.	• 2. Abschnitt: „Einzelereignisse dürfen nicht eine ganze Generation in Verruf bringen." (Klaus Hurrelmann, Sozialwissenschaftler) • 1. Abschnitt: „Es gibt auch Erfreuliches zu berichten"
• Immer mehr Jugendliche besinnen sich auf soziale Werte im Zuge ihrer Selbstverwirklichung.	• 1. Abschnitt: „Zwischen Verwirklichung und dem Streben nach Sicherheit"

Aufgabe 3

Zwischenüberschriften	Hauptgedanken
„Einzelereignisse dürfen nicht eine ganze Generation in Verruf bringen", Klaus Hurrelmann, Sozialwissenschaftler	Aufgrund des fehlenden Austausches und Verständnisses füreinander ist das Verhältnis zwischen Jung und Alt in Deutschland recht angespannt. In der Wahrnehmung vieler Menschen zeichnet sich die junge Generation vor allem durch Gewalttätigkeit sowie übermäßigen Alkoholkonsum aus, was durch die Medien noch verstärkt wird.
„Es gibt auch Erfreuliches zu berichten"	Die Jugendlichen dürfen natürlich nicht über einen Kamm geschert werden. Die vielen positiven Beispiele zeigen, dass Jugendliche sich sehr wohl engagieren und dadurch ihren Beitrag zum gesellschaftlichen Leben leisten.
„Zwischen Verwirklichung und dem Streben nach Sicherheit"	Soziale Werte spielen im Leben der Jugendlichen eine durchaus große Rolle, obgleich die gegenwärtige Situation nicht gerade zu Optimismus für die Zukunft verleitet. Es stellt sich allerdings die Frage, inwieweit der Jugend eigener Handlungsspielraum durch die ältere Generation gewährt bzw. „unschöne Hinterlassenschaften" aufgezwungen werden und wie generationengerecht dies ist.

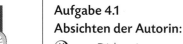

Aufgabe 4.1
Absichten der Autorin:

- ⊗ zur Diskussion anregen
- ⊗ Vorurteile ausräumen
- ⊗ den Ruf der Jugend zurechtrücken
- ⊗ eine Bestandsaufnahme vornehmen
- ⊗ die Situation der Jugendlichen heute beschreiben
- ⊗ provozieren
- ⊗ ein gesellschaftlich relevantes Thema in den Fokus rücken

Aufgabe 4.2
Mögliche Formulierungsansätze wären:

- Sichtweisen von Jung und Alt sind unterschiedlich, die Generationen müssten aber füreinander sensibilisiert werden
- Kritik an den Medien, die vorrangig die „problematischen Fälle" beleuchten, die nicht die Mehrzahl der Jugendlichen betreffen
- Verständnis für die Situation Jugendlicher in der heutigen Zeit erzeugen, aber auch umgekehrt für die ältere Generation – Annäherung / besser kennenlernen

Aufgabe 4.3
Fragen und Probleme, die beim Erschließen des Textes aufgekommen sein könnten:

- Die Rolle der Medien bezüglich des Bildes von Jugendlichen („Das Negative sofort in der Presse, Nachrichten; Positives eher zufällig") muss untersucht werden.
- Wo oder wie können Jugendliche mit Älteren ins Gespräch kommen und umgekehrt?
- Woher nimmt die Erwachsenengeneration (vor allem Ältere) ihr Urteil?
- Wie kann man diese „Verständnisbarrieren" abbauen?
- Inwieweit lässt die ältere Generation die Jugendlichen am gesellschaftlichen Leben teilhaben und diese mitbestimmen?

SH 6

Die Rolle der Medien bezüglich des Bildes von Jugendlich („Das Negative sofort in der Presse, Nachrichten, Positives eher zufällig.")

Impulstext 2

In Impulstext 2 „Soziales Engagement – Helfen ist Ehrensache" sind wie in der Focus-Vorlage aufgeführt die Zwischenüberschriften **„Pluspunkte im Lebenslauf"** und **„Freiwillig bei der Feuerwehr einspringen"** sowie die Autorin Tatjana Meier von uns ergänzt worden. In den Vorbereitungsmaterialien des Ministeriums für Kultus, Jugend und Sport Baden-Württemberg sind diese nicht aufgeführt.

Der Gedankengang des Textes:

Der Beitrag führt Beispiele des Engagements Jugendlicher von Jugendfeuerwehr, Rotem Kreuz, Altenbetreuung, Einsatz in Vereinen bis hin zum Naturschutz auf. Damit wird soziales Engagement weit als „Dienst für das Gemeinwohl" im Sinne eines „Ehrenamtes" definiert, das auch bürgerschaftliches Engagement einbezieht:

„36 Prozent aller 14- bis 24-jährigen Deutschen arbeiten laut einer Studie des Bundesfamilienministeriums freiwillig für das Gemeinwohl, ohne dafür einen Euro zu kassieren. Sie engagieren sich bei Sportvereinen, Kirchen oder Rettungsdiensten wie dem Roten Kreuz."

Ein wichtiger thematischer Bezug zu Impulstext 1 ergibt sich aus der Feststellung von Thomas Rauschenbach, Leiter des Deutschen Jugendinstituts in München, dass diese Dienste Jugendlichen auf unkomplizierte Weise Zugang zur Erwachsenengesellschaft eröffnen: „Sie lernen die soziale Wirklichkeit kennen und werden mit Menschen und Schicksalen konfrontiert, denen sie in ihrem Alltag – auch wegen der immer längeren Schulzeit – selten begegnen."

Dieses Engagement dient auch der Befriedigung eigener Bedürfnisse, es ist nicht nur uneigennützig: Andere Länder zu bereisen, andere Kulturen kennenzulernen, sich Erfahrungen und Qualifikationen anzueignen, die in Ausbildung, Studium und Beruf nützlich sind, sind wichtige Eigenmotivationen.

So wiesen die Jugendlichen aus der Klasse 9f der Dollinger-Realschule in ihrer Diskussion der Impulstexte immer wieder darauf hin:

„Wer etwas gibt, erhält etwas zurück!"

Etwas „versteckt" finden sich in diesem Text auch kritische bzw. kontrovers zu diskutierende Anmerkungen, die im späteren Erarbeitungsprozess durch die Schüler wieder aufgegriffen werden:

- 11 Millionen Ehrenamtliche → 5 Milliarden unentgeltliche Arbeitsstunden jährlich → Leistungen wofür dem Staat das Geld fehlt
- Soziales Engagement ist eine Frage von Bildung und Herkunft
- Ohne die Ehrenamtlichen in der Freiwilligen Feuerwehr gäbe es keinen ausreichenden Brandschutz in Deutschland → Hinweis darauf, dass Ehrenamt unverzichtbar ist
- Forderung, soziales Engagement wie vielerorts in den USA zur Pflicht zu machen
- Hundertprozentige selbstlose Nächstenliebe praktiziert niemand?!

Aufgabe 1

Das Organigramm bietet die Möglichkeit, eine Übersicht über die Teilaspekte des Rahmenthemas zu erstellen. Daher sollte es auch im Verlauf der Erarbeitung als Gedächtnisstütze, als „roter Faden", verwendet und erweitert werden.

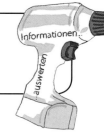

Thema:

Soziales Engagement Jugendlicher – wie, wo, warum, wozu?

EINSATZMÖGLICHKEITEN

Vereine	Kirchen	Rettungsdienste	Hilfsorgani-sationen	Soziale Einrichtungen	Politische Parteien
z. B. Jugendfeuerwehr		z. B. Rotes Kreuz	z. B. Greenpeace, Naturschutz	z. B. Jugendhäuser, Seniorenheime	z. B. Gewerkschaften

Beispiel 1

16-jährige Tamany-Linda Hensel: seit drei Jahren aktiv bei der Freiwilligen Jugendfeuerwehr

Beispiel 2

16-jährige Tinka Greve, 15-jähriger Jannis Heisener: besucht seit 18 Monaten einmal wöchentlich alte Menschen

Beispiel 3

14-jährige Paula Gellert: seit vier Jahren im örtlichen Natur-schutzbund – Hilfe für Kröten und Frösche noch vor Schulbeginn

INDIVIDUELLE MOTIVATIONEN

- etwas Sinnvolles tun
- zusätzliche Qualifikationen erwerben
- Menschenleben retten
- Gefühl, gebraucht zu werden
- Schulzertifikat erhalten (Lebenslauf „aufpeppen")

- eigene Bedürfnisse befriedigen
- Anerkennung, emotionale Zuwendung von Erwachsenen
- billig in andere Länder reisen
- eine gute Tat vollbringen

LERN-EFFEKTE

Verantwortung für andere übernehmen	soziale Wirklichkeit kennenlernen	Dialog zwischen Senioren und Jugendlichen fördern	besseres Verständnis für ältere Menschen entwickeln	mit Menschen und Schicksalen konfrontiert werden	selbst heraus-finden, wo Hilfe besonders benötigt wird

Wer engagiert sich im freiwilligen Einsatz?

36 Prozent aller 14- bis 24-Jährigen; 11 Mio. Ehrenamtliche aller Altersstufen; überwiegend Jugendliche aus kirchlich geprägten Elternhäusern der Mittelschicht leisten freiwillige soziale Dienste im Ausland

Aufgabe 2

36 Prozent aller 14- bis 24-Jährigen ⟶	arbeiten freiwillig für das Gemeinwohl
11 Millionen ⟶	Ehrenamtliche aller Altersstufen
1,2 Millionen ⟶	Einsätze der Freiwilligen Feuerwehren jährlich
ca. 1 Million ⟶	aktive Mitglieder im Naturschutzbund und Bund für Umwelt und Naturschutz
5 Mrd. ⟶	unentgeltliche Arbeitsstunden jährlich
16 000 ⟶	heimische Tierarten vom Aussterben bedroht
260 000 Jungen und Mädchen (10–18 J.) ⟶	bundesweit in ca. 18 000 Jugendfeuerwehren aktiv

Aufgabe 3

Forderung	„Urheber"
Soziales Engagement sollte an deutschen Schulen zur Pflicht gemacht werden.	Herr Wagner, Lehrer
Jugendlichen müssen mit Menschen und Schicksalen konfrontiert werden, denen sie in ihrem Alltag selten begegnen.	Thomas Rauschenbach, Leiter des Deutschen Jugendinstituts München
In der Schule sollte man Dinge lernen, die man im Leben wirklich braucht.	Tamany-Linda Hensel, Schülerin aus Braunschweig

Aufgabe 4

These 1: *Erwachsene, die in ihrer Jugend engagiert waren, sind sozial und politisch aktiver als Personen, die sich früher nicht engagierten.*

Argumente: Wer früh lernt, Verantwortung für andere zu übernehmen, weiß, wie wichtig ehrenamtliches Engagement für unsere Gesellschaft ist. Die Zahlen belegen, dass Menschen, die als Jugendliche bereits freiwillig tätig waren, ihr Engagement im Erwachsenenalter nicht abbrechen, sondern eher ausbauen, denn 11 Millionen Ehrenamtliche bedeuten, dass sich etwa jeder Siebte in Deutschland engagiert. In der Politik werden wichtige Weichen gestellt. Deshalb bringen sich „Erfahrene" auch hier ein.

These 2: *Soziales Engagement ist eine Frage von Bildung und Herkunft.*

Argumente: Vor allem bei freiwilligen Diensten im Ausland ist zu beobachten, dass die Jugendlichen vorwiegend aus kirchlich geprägten Elternhäusern der Mittelschicht kommen. Auch die 14-jährige Paula Gellert, die sich selbst entschied, sich freiwillig für bedrohte Tierarten einzusetzen, kommt aus gutbürgerlichem Elternhaus. Um selbst die Notwendigkeit und auch die positiven Effekte auf die eigene Persönlichkeitsentwicklung zu erkennen, ist eine aktive Teilnahme und Auseinandersetzung mit gesellschaftlichen Gegebenheiten erforderlich.

Auch möglich wäre:

- *In Amerika genießen Ehrenämter hohes Ansehen, gehören zum Schulalltag und werden benotet (Warum ist das in Deutschland nicht so?).*
- *Barmherzige, die zu 100 Prozent selbstlose Nächstenliebe praktizieren, gibt es nicht.*
- *Mit sozialem Engagement befriedigt man auch stets eigene Bedürfnisse.*

Impulstext 3

Impulstext 3 „Ehre statt Geld" fordert dazu auf, das Ehrenamt zu schätzen und zu würdigen, wie der „Tag des Ehrenamtes" am 5. Dezember, durch die Vereinten Nationen eingeführt, intendiert. Der Artikel schildert an Beispielen einige freiwillige Dienste (wenig Entlohnung, zeitlich gebunden) und im Unterschied dazu langfristige ehrenamtliche Arbeiten, die allenfalls mit einer Aufwandsentschädigung versehen sind.

Eine klare Begriffstrennung zwischen Ehrenamt, Freiwilligendienst, freiwilligem Engagement und Freiwilligen ist in diesem Text nicht gegeben. So wurde auch bei der Recherche deutlich, dass die Begrifflichkeiten vor allem in journalistischen Beiträgen teilweise synonym verwendet werden. Daher ist es erforderlich, eine Definition für soziales Engagement und auch die Unterscheidung in „Freiwilligendienst" (Bufdi, FSJ, FÖJ usw.) und „ehrenamtliches Arbeiten" (z. B. in der Freiwilligen Feuerwehr, im Naturschutzbund usw.) vorzunehmen. Dies erfolgte bei der Konzeption des Schülerheftes.

> **Kernaussagen Impulstext 3**
>
> Im Abschnitt **„Freiwillige verdrängen Jobs"** spricht Ursula Kissel einige Probleme an, die sich bei den verschiedenen Freiwilligendiensten andeuten:
>
> * Freiwillige können Arbeitsplätze ersetzen
> * Hilfsorganisationen könnten die Dienste für Sparmaßnahmen missbrauchen
> * Den Sozialkassen können Einnahmen entzogen werden, während die soziale Absicherung der Freiwilligen nur unzureichend ist

i

Auffallend ist die „zunehmende Annäherung von Ehrenamt und prekärem Arbeitsmarkt. Ein bedenklicher Trend: So arbeiten an den Tafeln neben Freiwilligen auch 1-Euro-Jobber. Jeder vierte Ehrenamtliche, der am Freiwilligensurvey 2009 teilnahm, berichtete von einer Parallelität von bezahlter und freiwilliger Tätigkeit. 27 Prozent der Befragten würden es deshalb sogar vorziehen, ebenfalls Geld für ihre Tätigkeiten zu bekommen. Diese Entwicklungen provozieren viele Fragen: Wo beginnen freiwillige Arbeit und Ehrenamt und wo enden sie? Was sind ihre Aufgaben?" (Lisa Srikiow, *Die Stützen der Gesellschaft*. In: DIE ZEIT, 28.7.2011, Nr. 31)

© Thomas Plaßmann

Was nur angedeutet wird, muss in einer Unterrichtssequenz angesprochen werden: Wenn der Staat sich zurückzieht, versucht das Ehrenamt diese Lücke zu füllen. Das kann dazu führen, dass sozialstaatliche Leistungen zurückgefahren werden und soziale Einrichtungen und Organisationen dem steigenden Kostendruck durch verstärkten Einsatz Ehrenamtlicher oder Freiwilliger zu begegnen versuchen.

Umgekehrt hat das Ehrenamt aber immer wieder Impulse gegeben, die im professionellen Bereich viel bewegt haben. Dies gilt insbesondere für die Sozialfürsorge, für die Jugendbetreuung und auch für die Kranken- und Altenpflege. Viele Bereiche der Jugendarbeit, der Drogenbekämpfung und der Aids-Beratung waren anfänglich ehrenamtlich organisiert und veranlassten erst den Sozialstaat, die Arbeit zu professionalisieren und zu institutionalisieren. Das Ehrenamt zeigte somit immer wieder, wo ein Bedarf groß ist und abgesichert werden muss.

Das darf jedoch nicht im Umkehrschluss dazu führen, dass professionelle Arbeit durch ehrenamtliche oder freiwillige Dienste ersetzt werden könne (Drogerieverkäuferinnen als Erzieherinnen, Arbeitslose als Jugendbetreuer). Professionelle Ausbildung ist das Fundament jeder Tätigkeit und der Verantwortung im sozialen Bereich.

In unseren Gesprächen mit Verantwortlichen im Sozialbereich fiel in diesem Zusammenhang immer wieder die Formulierung: *„Das Ehrenamt muss das Plus, das Zusätzliche bleiben, das zur professionellen Betreuung hinzukommt. "*

Hinweise zum Textverständnis

Im ersten Absatz dieses Abschnittes heißt es:

„Allein für das Rote Kreuz und den Roten Halbmond sollen weltweit mehr als 100 Millionen Freiwillige tätig sein. "

In der Selbstdarstellung des DRK ist diese Passage differenzierter ausgeführt:

„Unsere Idee wird weltweit von über 100 Millionen <u>freiwilligen Helfern und Mitgliedern</u> getragen. Allein in Deutschland engagieren sich circa vier Millionen Mitglieder.

(http://www.drk.de/presse/selbstdarstellung-des-roten-kreuzes.html)

Diese *<u>Differenzierung in Freiwillige und Mitglieder</u> (Ehrenamtliche)* ist wichtig, da im Text zwischen *freiwilligen Diensten* und *ehrenamtlichen Arbeiten* nicht immer deutlich unterschieden wird. Diese gewinnen in den letzten Jahren, insbesondere nach dem Wegfall der allgemeinen Wehrpflicht und des Ersatzdienstes, an Bedeutung und sorgen für Diskussionen.

Im Abschnitt **„Hilfe für Helfer"** wird das gleichnamige Gesetz angesprochen:
„In einem Zeitungsinterview begründete der Initiator, der ehemalige Bundesfinanzminister Peer Steinbrück, sein Programm ‚Hilfe für Helfer' damit, dass die Ehrenamtlichen die wahren Helden des Alltags seien. Sie hielten die Gesellschaft zusammen."

Das sollte erklärt werden: Im Juli 2007 wurde das Gesetz **„Hilfen für Helfer"** beschlossen, das rückwirkend zum 1. Januar 2007 in Kraft trat. Das Gesetz fördert das bürgerschaftliche Engagement in Deutschland mit einer Steuerentlastung in Höhe von fast einer halben Milliarde Euro.

Es besteht aus zehn Punkten und ermöglicht unter anderem die Abzugsmöglichkeit von Spenden auf 20 Prozent des jährlichen Einkommens, die Verdoppelung der Steuerfreiheit für Stiftungskapital und eine neue Entlastung für alle, die ehrenamtlich in gemeinnützigen Organisationen arbeiten. Auch wird die steuerfreie Übungsleiterpauschale erhöht.

Es ermöglicht vor allem Steuervorteile:
* Die *Absetzbarkeit von Spenden* wird erhöht:
  Statt wie bisher 307 000 Euro können Zuwendungen in das Grundstockvermögen einer Stiftung nun bis zu einer Million Euro über zehn Jahre verteilt geltend gemacht werden. Damit werden neue gemeinnütze Stiftungen entstehen und besser finanziell für Projekte ausgestattet.
* Die Höchstgrenze für den Spendenabzug wird auf 20 Prozent des Gesamtbetrages der Einkünfte für alle förderungswürdigen Zwecke angehoben.
* Für den Steuerabzug von Spenden bis zur Höhe von 200 Euro reicht künftig der Einzahlungsbeleg als Nachweis aus.
* Alle, die sich nebenberuflich im mildtätigen, gemeinnützigen oder kirchlichen Bereich engagieren, können einen *Steuerfreibetrag von 500 Euro* beantragen.
* Der *Freibetrag für Übungsleiter,* besonders für die Arbeit von Sportvereinen wichtig, wird von 1 848 auf 2 100 Euro im Jahr erhöht.

Aufgabe 1

Die Grundproblematik des Textes kann in folgenden Oberbegriffen wiedergegeben werden:

* Ehre
* Würdigung
* Unterstützung
* Anerkennung
* Gefahr des Missbrauchs
* Helden des Alltags
* Aufmerksamkeit
* Kritik
* Motivationen
* Freiwillige

Aufgabe 3

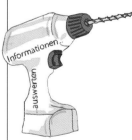

	Freiwillige Dienste	Ehrenamtliche Arbeiten
Aufgabenbereiche	Hilfsorganisationen, soziale und kulturelle Einrichtungen (Bereiche Umwelt, Sport und Denkmalpflege werden im Text nicht deutlich – der Begriffsvermischung „Freiwillige /Ehrenamtliche" geschuldet)	Freiwillige Feuerwehr, Vereinsarbeit, Entwicklungshilfe
Zeitlicher Rahmen	vorwiegend 6 bis 12 Monate (Ausnahme: 18 Monate), kurzzeitliche Projekte nach Katastrophen	dauerhaft oder zeitlich begrenzt (Projekte)
Entlohnung	bringen in der Regel nur wenig Geld	höchstens mit einer Aufwandsentschädigung entlohnt, Dank und Ehre, Abzeichen, Einladung bei Politikern
Motivation/ Bereitschaft	Aussicht auf Abenteuer und Gemeinschaftsgefühl, Wunsch zu helfen, „Wohlstands-Langeweile", Bedürfnis nach Geltung und Anerkennung	Wunsch zu helfen, „Wohlstands-Langeweile", Bedürfnis nach Geltung und Anerkennung, Steuervergünstigungen
Unterstützung	nur teilweise, z. B. in USA, Kanada und in GB	Programm „Hilfe für Helfer": Steuervergünstigungen, „Internationaler Tag des Ehrenamts", Würdigung, Unterstützung des Ehrenamts, „Helden des Alltags"
Probleme	freiwilliges Engagement bei Organisationen fest eingeplant (Geld sparen); Festangestellte müssen Freiwilligen weichen, Ausbeutung, Profitieren von finanziellen Vorteilen der Gemeinnützigkeit, unqualifiziertes Personal	

Aufgabe 4

Funktionen des „Internationalen Tages der Freiwilligen für wirtschaftliche und soziale Entwicklung":

- öffentliche Aufmerksamkeit auf gemeinnützige Arbeit lenken
- weltweite Erfahrungen austauschen

- neue Anregungen erhalten
- Engagement der Freiwilligen würdigen
- Arbeit der freiwilligen Helfer unterstützen
- Menschen motivieren, sich zu beteiligen

Aufgabe 5

Kritikpunkte:

○ der Freiwilligendienst ist nur zeitlich begrenzt

⊗ Freiwillige verdrängen Festangestellte, das bedeutet, dass Arbeitsplätze verloren gehen

▸○ Freiwillige bekommen zu wenig Geld

▸○ für ehrenamtliches Engagement gibt es Steuervergünstigungen

Diese beiden letzten Punkte könnten durchaus kontrovers von den Schülern beantwortet werden: Man sollte daher die Diskussion zurückstellen, bis bei der weiteren Erarbeitung der Punkt anhand von Kompendiummaterial noch einmal aufgegriffen wird.

Fragen: Muss freiwilliges Engagement mit Geld entlohnt werden? Was ist dann der Antrieb? Darf Geld im Mittelpunkt gemeinnützigen Engagements stehen? ...

⊗ Hilfsorganisationen wirtschaften wie Unternehmen

⊗ freiwilliges Engagement wird regelrecht ausgebeutet

⊗ Freiwilligkeit wird von Organisationen regelrecht selbstverständlich eingeplant

○ die Zahl der gemeinnützig und freiwillig Engagierten wächst stetig

Aufgabe 6

Aus dem letzten Abschnitt sollten die Schüler vor allem die „positiven" Motivationen für ein freiwilliges Amt aufgreifen, um einen „wahren Helden des Alltags" zu umschreiben, z. B.:

- Bedürfnis nach sozialem Engagement (eben ohne finanziellen Anreiz, sondern eine Herzensangelegenheit, ein Wert im eigenen Leben)
- der Wunsch zu helfen (christliche Nächstenliebe: auch geben, nicht nur nehmen ...)

Im Vordergrund müssen keine besonderen Fähigkeiten stehen, sondern Situationen im Alltag, in denen Menschen anderen Menschen oder auch Tieren helfen.

Aufgreifen sollten die Schüler auch die Aussage, dass ehrenamtliche Helfer die Gesellschaft zusammenhalten (z. B. Jung und Alt im Dialog; Hilfsbedürftigen helfen, Gemeinschaft fördern ...).

Aufgabe 7

Unterstützung der ehrenamtlichen Helfer, z. B.:

Argument 1: Wer eine ehrenamtliche Tätigkeit übernimmt, verwendet einen Teil seiner Freizeit darauf, sich in die Gesellschaft einzubringen und Missständen entgegenzuwirken. Das ist in unserer schnelllebigen, leistungsorientierten Zeit ein „Opfer", das mit Geld nicht aufzuwiegen ist.

Argument 2: Ehrenamtliche Arbeiten sind in den seltensten Fällen durch Einzelkämpfer zu stemmen. Sie beruhen auf gegenseitiger Hilfe und auch der Anerkennung noch so scheinbar „kleiner" Arbeiten, die jedoch verrichtet werden müssen, um die Gesellschaft funktionstüchtig zu erhalten.

Argument 3: Freiwillige Arbeiten sind ein Pfeiler unserer Gesellschaft. Selbst wenn sie mit Geld bezahlt würden, was dem Wesen der ehrenamtlichen Tätigkeit natürlich widerspricht, muss zunächst für alle deutlich werden, dass eine Gesellschaft nur durch sie für alle ihre Mitglieder lebenswert sein kann.

Argument 4: Freiwilliges Engagement kostet zwar Kraft und Zeit, ist aber für die eigene Persönlichkeit, die eigene Werteentwicklung von unbezahlbarem Wert. Daher sollte daran gearbeitet werden, dass es von jedem als solches auch begriffen wird.

Das Thema im Überblick

Die aus der Einstiegsphase und vor allem der Erschließung der Impulstexte erwachsenen thematischen Leitlinien werden zunächst übersichtlich dargestellt und dienen als Ausgangspunkt für Diskussion und Recherche.

Welche **Einstellung** haben Jugendliche zum sozialen Engagement? • unter Jugendlichen weit verbreitet, vor allem im Bereich Sport, Rettungsdienste und Kirche • 36 Prozent aller Jugendlichen engagieren sich fürs Gemeinwohl • Bereitschaft, sich zu engagieren, ist hoch • Pluspunkt im Lebenslauf	Welche **Möglichkeiten** sozialen Engagements gibt es? • Arbeit mit Senioren • Arbeit mit Kindern und Jugendlichen • Freiwillige Feuerwehr • soziale Dienste im Ausland • Natur- / Tierschutz • Freiwilligendienste • ehrenamtliche Tätigkeiten	Ist die „Ehre" tatsächlich ein **Motiv** sozialen Engagements? • nicht ausschließlich Wunsch zu helfen • etwas fürs Leben lernen • Gesellschaft mitgestalten • Anerkennung finden • ernst genommen werden • auch private Bedürfnisse befriedigen • Pluspunkt im Lebenslauf	Was spricht **gegen** soziales Engagement? • Leistungsdruck in der Schule • zu viele Verpflichtungen • andere Freizeit- aktivitäten • Zeit? Welche **Probleme** gibt es? • Arbeitsplätze verdrängen • Würdigung / Geld • emotionale Belastung • Ausbeutung möglich

Die einzelnen thematischen Schwerpunkte der Impulstexte (LH S. 24 – 32) helfen bei der Erstellung der Übersicht und bilden eine Orientierung für die Weiterarbeit. Daher sollte die Marginalspalte immer genutzt werden, um auch farbliche Akzente zu setzen.

Spuren, die durch die Impulstexte gelegt wurden, sind im Verlauf der Erarbeitung und der eigenen Recherche zu verfolgen. Vielleicht könnte man die Teilbereiche des Themas auf farbigen Bahnen sichtbar im Klassenzimmer anbringen, um den „roten Faden" nicht aus den Augen zu verlieren.

Der „(Ver)ruf" der Jugend	Was verbirgt sich hinter dem Begriff „soziales Engagement"?
Möglichkeiten, sich freiwillig sozial zu engagieren	Motivation, sich freiwillig zu engagieren
Eigene Einstellung zum sozialen Engagement	Probleme mit dem Ehrenamt
Die Frage der „Ehre"	Persönliche Voraussetzungen und Vorstellungen
Würdigung des Ehrenamts	Persönlicher „Gewinn" durch freiwilliges soziales Engagement

Hierbei liegen meine Interessen:

Wichtig ist, dass sich Jugendliche Gedanken machen, wo ihre Interessen liegen. Dies ist eine wesentliche Grundlage dafür, sich zu engagieren und auch eine persönliche Erfüllung darin zu finden.

SH 15/16

www

TOP SE

Texte lesen, auswerten und schreiben
Möglichkeiten sozialen Engagements recherchieren

Das Wissen um die unterschiedlichen Möglichkeiten sozialen Engagements ist nicht nur Grundlage für die Auseinandersetzung mit dem Rahmenthema, sondern auch für eine individuelle Entscheidung für eine solche Tätigkeit. Einige Möglichkeiten sind Schülern dieses Alters sicherlich bekannt, andere sind neu.

Die Recherche im Internet kann leider wie so oft grenzenlos werden, weshalb hier einige Websites bereits angegeben wurden. Zudem wäre es für eine effiziente Recherche hilfreich, für alle Recherchegruppen eine Art Matrix zu haben, in die die Schülergruppen ihre Ergebnisse strukturiert eintragen, was einer Gesamtübersicht und natürlich auch Vergleichsmöglichkeiten zuträglich ist.

Die angebotene Übersicht auf der folgenden Seite erhebt keinen Anspruch auf Vollständigkeit, da es wirklich eine Vielzahl an Möglichkeiten gibt, sich sozial zu engagieren. Eine komplette Auflistung ist nicht möglich, denn stetig werden neue Projektideen entwickelt.

Über die Präsentation der entstandenen Übersichten durch die Teams können diese deutlich machen, dass ihre Auflistung nur eine Auswahl an Tätigkeiten darstellt, im Plenum können dann gerne noch Ergänzungen vorgenommen werden. Als Erkenntnis für die Schüler ist wichtig, dass viele Tätigkeiten als ehrenamtliches Engagement zählen, über die sie sich bisher nicht bewusst waren.

Den einzelnen Gruppen sollte unbedingt der Ratschlag mitgegeben werden, sich die einzelnen Recherchepunkte untereinander aufzuteilen, da diese Aufgabe ansonsten ungeheuer zeitintensiv wird, selbst wenn die Schüler nur auf den angebotenen Websites recherchieren.

Für den Praxisbezug und den Bezug zum eigenen Lebensumfeld sollte natürlich auf die Recherche in der Umgebung Wert gelegt werden – und zwar auch die persönliche durch Gespräche oder Besuche der entsprechenden Einrichtungen.
Natürlich beziehen die Jugendlichen ihre Erfahrungen aus dem „Themenorientieren Projekt SE", insbesondere ihre Reflexionen aus den Praktikumberichten, mit ein.

Auf Seite 36 finden Sie eine Übersicht zur Orientierung.

BEREICH – z. B. Freiwilligendienste

1. Arten / Tätigkeitsfelder:

....

....

....

....

Statistische Angaben:

2. Konkrete Tätigkeiten:

....

....

....

....

....

Möglichkeiten in der eigenen Gemeinde / im Umkreis:

3. Einsatzorte:

....

....

....

....

4. Voraussetzungen:

....

....

....

5. Zeitlicher Rahmen:

....

....

6. Rahmenbedingungen (z. B. Versicherung ...):

....

....

Eigene Erfahrungswerte zum Engagement Jugendlicher (Strichliste):

7. „Lohn":

....

....

....

	Freiwilligendienste	Kinder, Jugend, Familie	Kranke, Alte, Menschen mit Behinderung, Hilfsbedürftige	Umwelt-, Natur-Tierschutz	Unfall, Katastrophen, Rettung, Entwicklungshilfe	Kultur und Politik
Arten / Tätig-keitsfelder	BFD[1], FSJ[2], FÖJ[3], FjD[4], EFD[5], ADiA[6], DjiA[7], FFD[8]	FSJ, Patenschaften, Familienhilfe, Betreuung; Sport	ehrenamtliche Besuchs-dienste; Projekte zum Generationenverständnis	Gewässerschutz, Artenschutz, Müllbeseitigung, Umweltbereich	DRK, Bergwacht, Freiwillige Feuerwehr, Wasserwacht, Verkehrswacht, THW	Mitbestimmung, Veranstaltungsplanung und -durchführung, Teilhabe am gesellschaft-lichen Leben
Konkrete Tätigkeiten	praktische Hilfstätigkeiten	Vorlesen, Haus-aufgabenhilfe, Spielenachmittage, Computernachhilfe, Begleitung, Essen austeilen	Einkaufen, Spaziergänge, Computernachhilfe, Begleitung, Essen austeilen	Krötenzäune bauen, Wald aufräumen, Tieraufkommen zählen, Pflanzungen, Beobachtungen, Landschaftspflege	Verkehrslotse, Schutz der Bevölkerung, Hilfe nach Naturkatastrophen, Schulsanitätsdienst, Rettungsdienst	Ausgestaltung von Events, Öffentlichkeits-arbeit, Putzaktionen
Einsatzorte	Wohlfahrtsverbände, Krankenhäuser, Pflegeeinrichtungen, Kinderheime, Kindertages-stätten, Schulen, Jugendeinrichtungen, Behindertenhilfe, Erholungsheime, Mehr-generationenhäuser, Selbsthilfegruppen, Sportvereine, Museen, Kultureinrichtungen, Einrichtungen des Zivil- und Katastrophen-schutzes, Träger ökologischer Projekte und Kommunen, Entwicklungsländer	Kindergärten, Mehrgeneratio-nenhäuser, Sportvereine	Pflegeeinrichtungen, Seniorenheime, Einrich-tungen der Behinderten-hilfe, Bahnhofsmission, Deutsche Tafel	Tierheim, Wälder, Parks, beim NABU Deutschland	Unfallorte zu Land (auch im Ausland), bei Veranstaltungen/Festen, Sportevents, Konzerten, Entwicklungsländer	Schule, Gemeinde, Verein, Freizeiteinrich-tungen, Jugendring-vereinigungen, Theater, Bibliotheken, Museen
Voraus-setzungen	Schulpflicht erfüllt	Bereitschaft, in der Freizeit tätig zu sein; kontakt-freudig	Bereitschaft, in der Freizeit tätig zu sein; kontaktfreudig, emotional belastbar	wertvolle Ökosysteme, Pflanzen und Tiere erhalten zu wollen; Arbeit im Freien bei Wind und Wetter	THW ab 18, FFW auch früher; körperliche Fitness; pünktliche Teilnahme am Dienst	Teamfähigkeit, Einsatzbereitschaft in der Freizeit
Zeitlicher Rahmen	in der Regel 12 Monate (auch 6 bis 18/24 Monate);	ganztägig, regel-mäßiger Rhyth-mus erwünscht	möglichst regelmäßig; etwa 2 bis 4 Stunden pro Woche	regelmäßig in der Freizeit bzw. projekt-abhängig	je nach Einsatz/Bedarf; möglichst dauerhafte Mitgliedschaft	projektabhängig, auch längerfristig
Rahmen-bedingungen	gesetzlich renten-, unfall-, kranken-, pflege- und arbeitslosenversichert; oft Unterkunft, Verpflegung, Arbeitskleidung zur Verfügung gestellt; 24 Urlaubstage	teilweise Ehren-amtsvertrag mit Versicherungs-schutz; Arbeit im Team	in der Regel unfallversichert	in der Regel unfallversichert	fundierte Ausbildung im technischen Bereich und im Bereich der Sozialkompetenz, unfallversichert	teilweise Unterstützung durch Kommunen
„Lohn"	unentgeltlicher Dienst, aber Taschengeld bis 336 Euro monatlich; Erwerb sozialer, personaler und instrumenteller Kompetenzen; Erschließung unbekannter Lebenswelten; Orientierung für nachfolgende Lebens-phasen; persönliche Wertschätzung	unentgeltlich, teilweise Fahrt-kostenersatz; Selbstverwirk-lichung	unentgeltlich, das Leben alter Menschen erleichtern, Generationenverständnis fördern, lernen	unentgeltlich, Wissen und Fähig-keiten erweitern, sich in eine Gemeinschaft zu integrieren	unentgeltlich, teilweise Erstattung von Auslagen;	unentgeltlich; lernen, Eigenverantwortung zu übernehmen; Anerken-nung und ernst genom-men werden

[1] Bundesfreiwilligendienst
[2] Freiwilliges Soziales Jahr (im gemeinnützigen Bereich, Bereich Kultur – „Kulturweit", Bereich Sport)
[3] Freiwilliges Ökologisches Jahr
[4] Freiwilliges Jahr in der Denkmalpflege
[5] Europäischer Freiwilligendienst („Jugend in Aktion")
[6] Anderer Dienst im Ausland („weltwärts")
[7] Diakonisches Jahr im Ausland
[8] Freiwilliger Friedensdienst

Das Anlegen einer **Strichliste**, auf der die konkrete Situation im Schülerumfeld (Klasse, Freunde, Bekannte, Familie) festgehalten wird, hat zunächst den Vorteil, einen schnellen Überblick darüber zu erhalten, in welchen Bereichen und auf welche Art häufig ehrenamtliche Tätigkeiten ausgeübt werden. Das wiederum kann als Ausgangspunkt für Erklärungsansätze dienen, um Fragen aufzuwerfen und zu diskutieren, welche Ursachen diese Verteilung haben könnte bzw. wie man für „zu kurz gekommene" Bereiche motivieren kann.

Auf diese Strichliste wird noch einmal auf Seite 17 im Schülerheft Bezug genommen, hier im Vergleich zu den Ergebnissen der Studie der Bertelsmann-Stiftung.

Wo sind Jugendliche engagiert?

SH 17

In Anknüpfung an die Erkenntnisse zu den Tätigkeitsfeldern, in denen sich Jugendliche im eigenen Umfeld engagieren, wird der Blick nun auf eine bundesweite Studie gelenkt, die im Auftrag der Bertelsmann-Stiftung durchgeführt wurde. Sie liefert zum einen Zahlenmaterial, welches als Beleg für Argumente herangezogen werden kann, zum anderen animiert sie zum Vergleich mit den persönlichen Erfahrungen (siehe SH S. 16).

Besonders hervorzuheben ist hier der Hinweis, dass freiwilliges soziales Engagement als Zusatzaufgabe zu betrachten ist, also nicht als Freizeitaktivität. Diese Feststellung wird unweigerlich Fragen aufwerfen bzw. Diskussionen auslösen, die an dieser Stelle aber noch nicht ausgiebig aufgegriffen werden sollten. Denn auf den Seiten 18 bis 20 folgt eine gezielte Auseinandersetzung mit der Frage, was denn genau unter sozialem Engagement zu verstehen ist.

> **Formulierungshilfen zur Auswertung von Diagrammen:**
>
> an erster Stelle ..., Spitzenreiter ..., am häufigsten ..., am wenigsten ..., im Durchschnitt ..., das Schlusslicht ..., abgeschlagen ..., mit großem Abstand ..., gefolgt von ..., , die Hälfte, ein Drittel, ein Viertel, der überwiegende Teil ..., gleichbleibend ..., weniger als bei ..., gravierend ..., geringfügig ...

Auswertung des Diagramms:

Das Balkendiagramm spiegelt das Umfrageergebnis unter Jugendlichen zwischen 14 und 24 Jahren zu den Bereichen wider, in denen sie **aktiv** sind und sich **freiwillig engagieren**. Es wurde im Auftrag der Bertelsmann-Stiftung von Sybille Picot erstellt und in „Jugend in der Zivilgesellschaft. Freiwilliges Engagement Jugendlicher 1999 bis 2009; Bertelsmann-Stiftung; Kurzbericht 2011" veröffentlicht. Es dokumentiert die Veränderungen zwischen den Jahren 1999 und 2009.

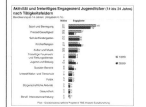

- die Zahl der aktiven Jugendlichen nahm in den zehn Jahren von 1999 bis 2009 leicht zu, der Anteil der Engagierten ging jedoch zurück; insgesamt herrscht eine relativ große Stabilität
- im Bereich Sport und Bewegung ist etwa die Hälfte der Jugendlichen aktiv, aber nur 12 Prozent aller Jugendlichen engagierte sich dort freiwillig
- die Freiwilligenzahl im Bereich Sport und Bewegung ist seit 1999 gesunken
- die Engagiertenzahl im Bereich Freizeit und Geselligkeit ist auf nur 3 Prozent im Jahr 2009 gesunken
- sowohl Aktivität als auch freiwilliges Engagement in Kirche / Religion haben zugenommen
- kein vermehrtes politisches Interesse bei Jugendlichen zu erkennen
- Jugendarbeit hat in punkto Aktivität und Engagement größeren Zulauf
- traditionell wichtig für Jugendliche ist der Tätigkeitsbereich Feuerwehr und Rettungsdienste, wo sich Aktivitäts- und Engagementquote halten konnten

Schlussfolgerungen:

- Nach wie vor ist das Engagement Jugendlicher charakterisiert durch die Nähe zum persönlichen Lebensumfeld. Es ist stark in Bereichen, wo etwas gelernt wird, wo Fähigkeiten trainiert werden: im Sport, in Musik und Kultur, in der Schule, in der Kirche.
- Jugendliche sind nach wie vor im sozialen und Gesundheitsbereich, in der beruflichen Interessenvertretung, beim lokalen Bürgerengagement und im politischen Bereich deutlich unterrepräsentiert, was sowohl die Aktivität als auch das Engagement betrifft.

- Einen deutlichen Rückgang erlebt der Bereich „Freizeit und Geselligkeit", etwas weniger, was die Aktivität in diesem Bereich angeht, als in Bezug auf das freiwillige Engagement. Das könnte einhergehen mit dem Trend weg von der Geselligkeits- oder Spaßorientierung hin zu Motiven, die mit dem Gemeinwohl einerseits und den eigenen Interessen andererseits verknüpft sind.
- Die positive Entwicklung in den Bereichen Kirche und Jugendarbeit ist möglicherweise darauf zurückzuführen, dass in beiden Bereichen kontinuierliche und engagierte Jugendgruppenarbeit betrieben wird.

Formulierungshilfen zum Ziehen von Schlussfolgerungen:

im Vergleich zu ..., verglichen mit ..., zusammenfassend kann man festhalten ..., die größten Unterschiede / Übereinstimmungen ..., gibt es ..., zeigt sich ..., kristallisiert sich heraus ..., auffällig / verwunderlich / überraschend ist ..., eine Diskrepanz ergibt sich aus ..., obwohl ..., trotzdem ..., dennoch ..., weiterhin zu untersuchen wäre ..., nicht ganz eindeutig ..., (schwer) nachzuvollziehen ..., demnach ..., verständlich / unverständlich ..., proportional / umgekehrt proportional ..., eigentlich ...., schließt sich aus ..., konkurrieren die Informationen ...

Der Vergleich dieser Auswertung mit den eigenen Erfahrungen (Strichliste) kann in Kleingruppen erfolgen, wobei jede Gruppe ihre Ergebnisse als Sätze formuliert, die sichtbar im Klassenzimmer angebracht werden. So lassen sich Doppelungen schnell erkennen, und die Festlegung auf zentrale Statements kann schnell erfolgen. Diese Statements können nun jederzeit als Belege herangezogen oder aber auch bei der Recherche kontrovers diskutiert werden. Denn im Laufe der Recherche werden die Schüler auf Zahlenmaterial stoßen, vor allem in Jugendsurveys (z. B. der Shell-Studie), deren Auswertung zum Teil Widersprüche zeigt. Diese gilt es zu deuten und argumentativ zu lösen.

SH 18

Was ist eigentlich „soziales Engagement"? – Begriffsklärung

Eine allgemeingültige Definition zu finden, ist schon deshalb nicht ganz einfach, weil eine Menge synonyme Begriffe kursieren, die dasselbe meinen oder aber als Unterbegriff „sozialem Engagement" zugeordnet werden können.

Die vier gängigsten Begriffe: „Freiwillige Dienste", „Ehrenamt" (SH S. 12), „Zivilgesellschaftliches Engagement" und „Bürgerschaftliches Engagement" (SH S. 18) haben wir bereits zur Orientierung inhaltlich gedeutet. Ebenfalls taucht der Begriff der „Freiwilligenarbeit" auf, der eine unabhängige, flexible Art des Engagements meint, in dem Menschen meinst ohne Anbindung an traditionelle Organisationen (wie Vereine, Kirchen, Organisationen) tätig sind. Doch Gemeinsamkeiten sind in allen Begriffen zu finden und diese können zur Kriterienerstellung herangezogen werden.

Neben Nachschlagewerken geben bereits die Impulstexte Hinweise für die inhaltliche Dimension des Begriffs:

- gemeinsam, verbunden, verbündet
- helfen
- Mitverantwortung, Gemeinsinn (Solidarität), Brüderlichkeit, Zuverlässigkeit, Respekt / Ehrgefühl / Würde, Gerechtigkeit und Duldsamkeit / Toleranz
- sich um Bedürftige kümmern
- Interesse für das Leben / Wohl anderer zeigen – nicht nur an sich denken
- Verantwortung übernehmen
- mitgestalten / mitbestimmen
- freiwillig, aber moralische Pflicht
- gemeinnützig
- unentgeltlich

- Tätigkeiten, für die der Staat nicht sorgen kann
- wohltätig
- für einen guten Zweck
- für andere und für mich
- die Gesellschaft betreffend
- für gesellschaftliche Gerechtigkeit eintreten
- unterstützen
- aktives / praktisches Handeln
- barmherzig, fürsorglich, hilfsbereit
- Anteil nehmen
- durch eigene Leistung zum Wohlstand / Wohlergehen für alle beitragen
- in der Freizeit als Zusatzaufgabe

Daraus abgeleitete Kriterien (…) können nicht starr vorgegeben werden, sondern sollen von den Schülern individuell festgelegt werden. Unser Vorschlag kann Orientierung für Sie sein oder auch als „Ausgangswert" für die Schüler dienen. Natürlich kann man sie diskutieren – im Idealfall finden Sie mit der gesamten Klasse einen einheitlichen Kriterienkatalog. Das würde helfen, Statements zu untersuchen und auch Tätigkeiten als soziales Engagement einzuschätzen.

Soziales Engagement oder nicht?

SH 19

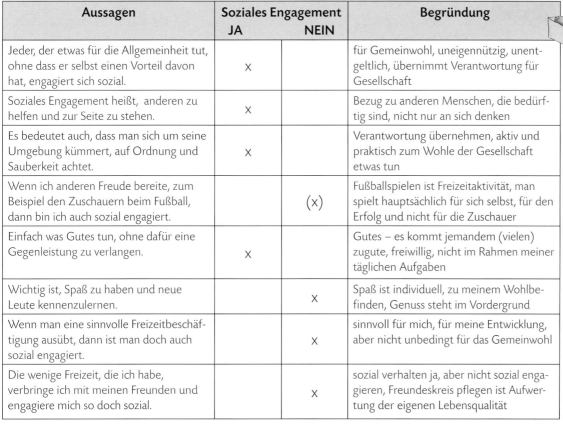

Aussagen	Soziales Engagement JA	NEIN	Begründung
Jeder, der etwas für die Allgemeinheit tut, ohne dass er selbst einen Vorteil davon hat, engagiert sich sozial.	X		für Gemeinwohl, uneigennützig, unentgeltlich, übernimmt Verantwortung für Gesellschaft
Soziales Engagement heißt, anderen zu helfen und zur Seite zu stehen.	X		Bezug zu anderen Menschen, die bedürftig sind, nicht nur an sich denken
Es bedeutet auch, dass man sich um seine Umgebung kümmert, auf Ordnung und Sauberkeit achtet.	X		Verantwortung übernehmen, aktiv und praktisch zum Wohle der Gesellschaft etwas tun
Wenn ich anderen Freude bereite, zum Beispiel den Zuschauern beim Fußball, dann bin ich auch sozial engagiert.		(x)	Fußballspielen ist Freizeitaktivität, man spielt hauptsächlich für sich selbst, für den Erfolg und nicht für die Zuschauer
Einfach was Gutes tun, ohne dafür eine Gegenleistung zu verlangen.	X		Gutes – es kommt jemandem (vielen) zugute, freiwillig, nicht im Rahmen meiner täglichen Aufgaben
Wichtig ist, Spaß zu haben und neue Leute kennenzulernen.		X	Spaß ist individuell, zu meinem Wohlbefinden, Genuss steht im Vordergrund
Wenn man eine sinnvolle Freizeitbeschäftigung ausübt, dann ist man doch auch sozial engagiert.		X	sinnvoll für mich, für meine Entwicklung, aber nicht unbedingt für das Gemeinwohl
Die wenige Freizeit, die ich habe, verbringe ich mit meinen Freunden und engagiere mich so doch sozial.		X	sozial verhalten ja, aber nicht sozial engagieren, Freundeskreis pflegen ist Aufwertung der eigenen Lebensqualität

Die Eingrenzungssicherheit im Umgang mit dem Begriff „soziales Engagement" wird durch Überlegungen zu den auf den Bildern dargestellten Tätigkeiten unterstützt. Drei von ihnen zeigen Freizeit- bzw. Vereinssituationen. Die angegebene Vorgehensweise forciert zugleich das Formulieren von Begründungen, was wiederum Teil des Aufbaus eines Arguments ist. Es ist denkbar, in Vorbereitung der Ausformulierung in Partnerarbeit Argumente zu sammeln, um dann eine Entscheidung zu treffen. Hierbei bietet sich die Tabellenform an.

SH 19/20

Bild	Argumente PRO	KONTRA	Soziales Engagement JA	NEIN
	• miteinander arbeiten • sinnvolle Freizeitbeschäftigung • anderen Freude bereiten beim Vortanzen • die erwachsene Frau als Trainerin	• gehen den eigenen Bedürfnissen nach • auf Perfektion und Erfolg aus • keine Hilfe für andere • kaum Wert für das Gemeinwohl?		X
	• Ausgestaltung von Dorffesten – Geselligkeit in der Gemeinde	• Freizeitaktivität, aber keine Zusatzaufgabe (außer vielleicht Orchesterleiter) • eigener Spaß und Geselligkeit		X
	• Interaktion mit anderen • Jugendbetreuer und Trainer arbeiten ehrenamtlich	• sportliche Betätigung zur eigenen Fitness • auf sportlichen Erfolg aus		X

Bild	Argumente		Soziales Engagement	
	PRO	**KONTRA**	**JA**	**NEIN**
	• Zusatzaufgabe in der Freizeit • Hilfe für andere Menschen • aktiver Teil der Gesellschaft • Generationenverantwortung		X	
	• zum Wohle der Gesellschaft • Hilfe in Notfallsituationen		X	

Die Unterscheidung zwischen aktiv sein und sich engagieren ist nicht ganz schnittscharf, besonders auf kulturellem Gebiet. Dennoch lassen Sie Ihre Schüler kritisch sein, auch wenn sich vielleicht jemand auf den Schlips getreten fühlt. Das Hinterfragen der wahren Motive, warum jemand tanzt, warum jemand in einem Orchester oder Fußball spielt, wird objektiv zeigen, dass deren Hauptmotive in der Befriedigung persönlicher Bedürfnisse liegen. Und das „an andere denken, für andere da sein, anderen helfen, sie unterstützen" oder auch ökologisch unabdingbare Tätigkeiten für den Erhalt des Ökosystems, in dem wir alle leben, zu übernehmen, die Verbindung zu einem Verantwortungsbewusstsein für die Gesellschaft sind nun mal ausschlaggebend für Tätigkeiten des sozialen Engagements.

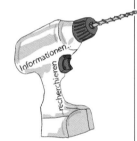

SH 21/22

Eine Musterinternetrecherche: Die Jugend und ihr Ruf

„Wir suchen nach Wissen und ertrinken in Informationen", pointierte der deutsch-amerikanische Informatiker Joseph Weizenbaum (1923–2008) seine Kritik am Internet.

Dies gilt insbesondere für Schüler, wenn diese meinen, das Zusammentragen und Ausdrucken nichtausgewerteter Internetquellen bringe Wissen.

Deshalb haben wir hier an einem Muster eine mögliche Internetrecherche demonstriert, an deren Abschluss eine Schülerargumentation steht.

• Zu berücksichtigen sind klare Suchbegriffe, die ein Ausufern der Ergebnisse verhindern:
  Dazu eignen sich auch Fragen und Texteingaben in Anführungszeichen besonders.
• Ausprobieren bringt Erfahrung!
• Ganz besonders wichtig ist das zeitnahe Auswerten der „Funde". Wird zu viel zusammengetragen und kopiert, ist die Gefahr des „Ertrinkens" groß. Daher wenige Ergebnisse sichten, geeignete in Auszügen mit Quellenangabe und Aufrufdatum versehen.
• Es empfiehlt sich, die Recherchegebiete auf verschiedene Teilgruppen zu übertragen. Diese können nach der vorgestellten Methode vorgehen, ihre Ergebnisse vortragen und der Klasse zur Verfügung stellen.

SH 23–26

Engagieren für ältere Mitbürger

Das soziale Engagement für ältere Mitbürger ist natürlich nur ein Bereich, in dem sich Jugendliche engagieren können. Allerdings wird er besonders in den Impulstexten und in Untersuchungen als sehr wichtig hervorgehoben. Exemplarisch an diesem Bereich wird gezeigt, wie man an die Erschließung eines Teilthemas, an die Untersuchung von Problemfragen herangeht, die dann letztendlich in einer Schreibaufgabe münden.

Die Materialauswahl ist auf vier Texte (plus die Impulstexte) beschränkt. So kann gezeigt werden, dass es wichtig ist, geeignete Texte zu finden und den Informationspool nicht zu überladen, zumal sich viele Informationen in den Texten auch wiederholen. Das soll den Schülern bewusst machen, wie wichtig es ist, nur ausgewertete Materialien ins Kompendium zu übernehmen.

Als Auswertungsmatrix eine Tabelle als Übersicht zu wählen, zwingt die Schüler, sich kurz zu fassen, nur Wesentliches festzuhalten und somit eine übersichtliche Struktur über Textinhalte und ihre Eignung für bestimmte Schreibaufgaben zu erhalten.

Die Auswertung der Texte ist zunächst auf die Informationsgewinnung ausgerichtet. Das bedeutet, dass die Schüler selbst beim Erschließen der Texte mögliche Schwerpunkte / Bereiche erkennen und strukturieren müssen. Erst später bei der konkreten Schreibaufgabe sind diese Schwerpunkte vorgegeben. Demnach ist es für das Anlegen des Kompendiums wichtig, sich ein Markierungssystem zu überlegen, anhand dessen man Schwerpunkte / Bereiche (Überschriften / Oberbegriffe), Thesen, Argumente und Beispiele sofort erkennen kann.

Vorschlag:

These (Behauptung):	rot
Begründung:	blau
Belege:	grün
Beispiele:	gelb

	Inhalt	Thesen	Begründungen	Belege	Beispiele
M1	– Verständnis zwischen Jung und Alt schaffen – Nutzen ehrenamtlichen Engagements für beide Seiten	– Seniorenzentren werden künftig immer mehr auf das Verständnis und den ehrenamtlichen Einsatz von jungen Menschen angewiesen sein – Jung und Alt lernen so voneinander – soziales Engagement verbessert Lebensqualität der Heimbewohner, kann aber Fachkräfte nicht ersetzen	– Pflege könnte sonst unbezahlbar werden – Umgang mit den Einschränkungen im Alter kennenlernen – Jugendliche werden gut angeleitet und unterstützt	– Anstieg an dementiell erkrankten Menschen	
M2	– Projekt „Jung hilft Alt" (Biberach) – Jugendliche gehen Senioren im Alltag zur Hand	– alte Menschen sind nicht mehr mobil und brauchen die Hilfe der Jüngeren – Jugend ist besser als ihr Ruf – ein kleines Taschengeld als Entlohnung	– die allermeisten Jugendlichen haben eine hohe Sozialkompetenz – Mitbestimmung bei den Tarifen für die einzelnen Arbeiten	– Ausstellung eines Zertifikats, denn „Social Skills" spielen bei der Bewerbung zunehmend eine größere Rolle	– Bücherei, Post, Einkaufen, Blumengießen, Computerfähigkeiten, mit dem Hund Gassi gehen
M3	– Problematische Beziehungen von Jung und Alt	– Zusammengehörigkeitsgefühl heute immer seltener – Jugendliche kennen Nöte und Sorgen der Älteren nicht – Aufeinanderzugehen, Kontaktieren, Gespräche könnten vertrauteres Verständnis zwischen Generationen schaffen	– Gesellschaft ist auf Bewegung und Mobilität ausgerichtet	– weniger Großfamilien – Großeltern und Enkel sehen sich oft nur an Wochenenden	– Verklärung des Seniorendaseins durch Werbeindustrie und Medien
M4	– Wo engagieren sich Jugendliche am häufigsten? – Auswertung einer Befragung aus 2005 in BW			– knapp 36 % der Befragten engagieren sich für die Integration von Ausländern – Aktivitäten für Jugendgremien, in der Jugendverbandsarbeit und in Jugendzentren an zweiter Stelle – knapp ein Drittel ist im Bereich der Seniorenhilfe tätig	
Impulstext 1	– Jugend in Verruf – Wahrnehmung der Jugend in der älteren Generation – Sicht der Jugendlichen auf ihre Situation in der Gesellschaft	– Verhältnis zwischen Jung und Alt angespannt und von Misstrauen geprägt	– Jugendliche werden nur wahrgenommen, wenn sie auffällig geworden sind		
Impulstext 2	– „Senioren-AG" in der Schule – Nutzen des Engagements für beide Seiten	– besseres Verständnis für ältere Menschen entwickeln	– Konfrontation mit der sozialen Wirklichkeit – Jugendliche spüren, dass sie dort gebraucht werden		– spannender Geschichtsunterricht, wenn Senioren erzählen

SH 25

Diese Auswertung kann nun in das Kompendium aufgenommen werden und hilft als Kurzübersicht, wenn die Schüler zu einem bestimmten Teilbereich etwas suchen. Unter der konkreten Aufgabenstellung „Nutzen des Engagements" können sie dann entscheiden, welchen Text sie noch einmal etwas genauer unter die Lupe nehmen wollen.

„Gewinn" für die älteren Menschen	„Gewinn" für mich selbst	Verständis zwischen Jung und Alt
• Hilfe im immer schwerer zu bewältigenden Alltag (M2) • Abwechslung (M1) • erfahren, wie sich die Gesellschaft ändert (M1) • Lebensqualität verbessern (M1) • Hilfe bei Computerproblemen (M2) • Gesellschaft der Jugendlichen genießen (IT2) • Lebenssituation, Anliegen der Jugendlichen kennenlernen	• Erfahrungen im Umgang mit dem Älterwerden sammeln • Verständnis für den Beruf der Altenpflege (M1) • positive und negative Erfahrungen eines langen Lebens kennenlernen (M1) • Dankbarkeit der pflegebedürftigen Menschen (M1) • Integration und Anleitung in einem Team (M1) • verbesserter Ruf der Jugend wird nach außen getragen (M2) • Weiterentwicklung der Sozialkompetenz (M2) • Chance (M2) • Teilnahmebestätigung für den Lebenslauf (M2) • Zugang zur Erwachsenengesellschaft (IT2) • Gefühl, gebraucht zu werden; Anerkennung und emotionale Zuwendung von Erwachsenen (IT2) • „Oma-Opa-Ersatz" (IT2)	• gegenseitige Kenntnis von Wünschen, Bedürfnissen und Herausforderungen im jeweiligen Alltag – sich besser kennenlernen • Respekt voreinander • generationsübergreifende Kontakte herstellen • Zusammengehörigkeitsgefühl stärken (M3)

SH 26

Betreuung einer älteren Dame zu Hause
© JuhA

Aus der am umfangreichsten gefüllten Spalte für den „Gewinn für die Jugendlichen selbst" lässt sich natürlich eine eigene Überlegung der Schüler anschließen, sich auch in diesem Bereich zu engagieren. Dass diese Tätigkeit nicht für jeden etwas ist, muss nicht erwähnt sein, aber dass sich jeder einmal Gedanken über das individuelle Für und Wider einer solchen Tätigkeit macht, ist erforderlich und sinnvoll.

Die Entscheidungsfindung soll nicht nur gefühlsmäßig, sondern in einer aktiven Auseinandersetzung mit Rechercheergebnissen und im Gespräch mit Mitschülern vonstattengehen.

Aus dem **youtube-Beitrag** können folgende Erfahrungen genutzt werden:

Tätigkeiten:
- Alltagsgespräche
- Küchendienst
- Hilfe beim Essen
- gemeinsames Singen
- spielen
- aus der Zeitung vorlesen

> *www*
> http://www.youtube.com/watch?NR=1&v=_INHT_RXNx8&feature=endscreen

Erfahrungen:
- teilweise schwierig, weil Ältere sehr viel reden
- anfänglich etwas komisch
- große Freude bei den Älteren
- zu zweit gibt es mehr Sicherheit
- fester Bestandteil des Tagesablaufs im Heim

Motivation:
- man muss sich an die Situation erst gewöhnen
- manchmal merkt man, dass es fehlt
- manchmal muss man sich auch zwingen
- man geht auch eine gewisse Verpflichtung ein
- Nächstenliebe
- Dankbarkeit der Älteren

Weitere Impulse finden die Schüler in den Angeboten fürs Kompendium (SH S. 31 – 44):

SH S. 34:
- es ist cool, alten Menschen zu helfen, im Team Spaß zu haben
- Computerhilfe – Fotos sortieren, einkaufen, spülen, abstauben, spielen, spazieren gehen, das Essen zubereiten

SH S. 35:
- bevorstehender Nachwuchsmangel an Auszubildenden und Fachkräften
- Ängste und Vorurteile abbauen
- Selbstwert stärken
- gemeinsam die Zukunft gestalten
- Freude an der Betreuung entdecken
- soziale Verantwortung kennenlernen
- „freundschaftliche" Beziehungen entwickeln
- Aufbesserung des Taschengeldes
- Ortsgebundenheit entwickeln, zur Gemeinde dazugehören
- Verantwortung und Verlässlichkeit erlernen

SH S. 38:
- uninteressierte oder gar keine Angehörigen – sie genießen es, wenn jemand da ist, der ihnen zuhört, sich ein bisschen Zeit für sie nimmt
- auch schwierige Momente: nicht wiedererkannt, Tod, Depressionen

Es wäre auch für die Klasse interessant, wer (wie viele) sich mit einem sozialen Engagement für ältere Mitbürger anfreunden könnte(n).

Unabhängig davon ist es aber völlig legitim und wichtig, wenn einige Schüler ihre Interessen in einem anderen Bereich bekunden.

Genauso wichtig ist es die „Gegenseite" zu berücksichtigen: Soziales Engagement ist keine Einbahnstraße, in der Jugendliche ihren Beitrag zu „erbringen haben". Es ist völlig legitim und durch Studien belegt, dass soziales Engagement vielfältige Motivationen hat, die es zu berücksichtigen gilt!

> Eine gute Methode, die Einstellung der Schüler anonym zu visualisieren, ist die Arbeit mit einer Skala. Hierfür zeigt man eine senkrechte Skala mit der Einteilung von 0 bis 10. Die Schüler können nun für sich einen Punkt an der Stelle anbringen, der ihre Bereitschaft zum Engagement in der Seniorenbetreuung widerspiegelt.

Das Reflektieren der Erwartungen an ein soziales Engagement und der damit verbundenen Erwartungen ist fundamental und trägt zur Bereitschaft bei, sich zu engagieren.

Das Engagement wird umso effektiver sein, je mehr sich Jugendliche in Entscheidungen und Ziele eingebunden fühlen, wenn sie erkennen, dass ihr Mitwirken positive Folgen für Bedürftige, für die Umwelt oder für Mitschüler und ihre Lebenswelt hat.

Gerade diese Einbettung der Tätigkeit in das Nachdenken über dessen Nutzen öffnet den sozialen und politischen Horizont: „Dies regt zum Nachdenken über die Gesellschaft und die eigene Rolle innerhalb der Gesellschaft an."

(Jugend. Werte. Zukunft. Studie von Heinz Reinders. Hrsg.: Landesstiftung Baden-Württemberg, Stuttgart 2005, S. 12)

Als anschauliche Beispiele können die Erfahrungen von Julia Allweiler als Bundesfreiwillige beim NABU-Naturschutzzentrum Federsee (SH S. 31 – 32) oder Robert Knollmanns Gedanken (SH S. 36 – 37) herangezogen werden.

„Themenorientiertes Projekt Soziales Engagement" (TOP SE)

Viele Schülerinnen und Schüler haben im Rahmen „TOP SE" soziale Arbeit in der Betreuung älterer Menschen geleistet bzw. Praktika absolviert und drüber in ihren Berichten reflektiert.

Diese bringen hier ihre Erfahrungen ein, die darin liegen können, dass für sie (wie für Tinka Greve) kein Engagement in diesem Bereich vorstellbar ist. Sei es, weil die Arbeit als zu belastend empfunden wurde oder Ekelgefühle und Unsicherheiten überwogen.

Die CD enthält verschiedene Praktika-Erfahrungen zum „TOP SE" von Schülerinnen und Schülern der Realschule Erolzheim und der Dollinger-Realschule Biberach. Diese beinhalten auch interessante Felder wie Technisches Hilfswerk, Kinderfreizeiten und die Mitarbeit in einem Tafelladen.

SH 26

SH 27–30

Engagement in der Seniorenbetreuung – Eine Musterschreibaufgabe

Die Schülerheftseiten bilden eine ausführliche Anleitung, wie die Jugendlichen an Schreibaufgaben herangehen sollen, ab. Vor allem geht es darum, ihnen zu zeigen, welche Rolle das Kompendium spielt und wie man die darin gesammelten Informationen sinnvoll in die Schreibaufgabe einfügt. Außerdem ist detailliert nachzuvollziehen, wie man eine Schreibaufgabe analysiert, eine Stoffsammlung anlegt und sie strukturiert sowie Argumente ausformuliert.

Inhaltlich wird bei dieser Musterschreibaufgabe davon ausgegangen, dass man sich **für** ein soziales Engagement im Bereich der Seniorenbetreuung entschieden hat.

Zum Anlegen einer Stoffsammlung wird zunächst das Kompendium durchstöbert. Vorarbeit für diese konkrete Schreibaufgabe haben die Schüler bereits auf den Seiten 23 bis 26 geleistet, welche natürlich jetzt verwendet werden soll (siehe Auswertung im Lehrerheft).

Außer den bereits vorgeschlagenen Quellen (SH S. 28) wären z. B. auch folgende denkbar:

- SH S. 24: „Betrachtungen des Kreisseniorenrates Biberach"
- SH S. 25: „Häufigkeit sozialen Engagements Jugendlicher nach Bereichen"
- SH S. 34: „Wir sind JuhA"
- SH S. 35: „JuhA – Jung hilft Alt"
- SH S. 37: „Altersheim und Kindergarten"
- youtube-Beitrag

Sind die Quellen ausgesucht, empfiehlt sich eine strukturierte Stoffsammlung, die sich an den Vorgaben / Teilthemen der Aufgabenstellung orientiert. Die Schüler sollten ihre Informationen / Belege / Beispiele usw. am besten gleich diesen Bereichen zuordnen, das erleichtert ihnen später sowohl die Gliederung als auch die Ausformulierung.

Schwierigkeiten der Schüler mit Schreibaufgaben – den Schreibprozess unterstützen

! Hinweise zum Schreibprozess

1. Beim Lesen von Schüleraufsätzen fällt immer wieder auf, dass das Kompendium zu wenig genutzt wird. Selbst ausgewertete, gute Quellen bleiben unberücksichtigt. Schade um den Aufwand der intensiven Vorbereitung, könnte man meinen!

2. Der Leser (Adressat bzw. Sie als Korrektor) hat (haben) das Gefühl, er solle selbst die Begründungen und Belege ergänzen, gewissermaßen „hinzudenken", das Thema wird aufzählend „angezupft", Zugehöriges „genannt" oder „angedeutet", die Ausführung jedoch fehlt oder bleibt sporadisch.

3. Das geschlossene Argumentieren ist zu gering ausgeprägt, die Behauptungen werden zu selten bewiesen, zu schwach belegt und veranschaulicht.

4. Die Folge ist eine Aneinanderreihung von Aussagen, die trotz manch epischer Breite wenig überzeugend wirkt.

Das Schülerheft setzt dementsprechend Schwerpunkte

- Anlage und Verwendung des Kompendiums (SH S. 23 ff., 27 ff., 56–57).
- Die Schreibaufgabe erschließen (SH S. 27).
- Das Entnehmen und Einbinden von Informationen aus Texten, Statistiken, Diagrammen und Karikaturen in eigenen Texten immer wieder üben (SH S. 23 ff. und 27 ff.).
  Deshalb ist früh im Schülerheft, S. 23 ff., eine entsprechende Übung integriert und die Methode auch im Musteraufsatz (SH S. 27 ff.) hervorgehoben.
- Den Aufbau von Argumenten und deren Ausführung bewusst machen (SH S. 29).
  Dazu sollten Schüler eigene Argumente immer wieder kritisch untersuchen und überarbeiten:
  - Wie lautet die Behauptung / Forderung?
  - Wie ist diese begründet?
  - Werden Belege verwendet?
  - Wie überzeugend ist das Argument in seiner Gesamtheit?

Zur Kontrolle werden die entsprechenden Textpassagen farbig markiert. So „fällt ins Auge", was fehlt: Behauptung: rot; Begründung: blau; Belege: grün; Beispiele: gelb …

- Richtig zitieren – Bezugnehmen auf Quellen und Informationen (SH S. 46).

Die Schreibaufgabe erschließen – Operatoren erkennen

Eine Schreibaufgabe enthält nicht nur die thematischen Vorgaben, sondern auch Anhaltspunkte, aus welchen Teilen sie besteht. Wichtig ist daher, dass die Schüler die Operatoren erkennen und berücksichtigen: „Artikel schreiben", „auf Problematik aufmerksam machen", Informieren", „Darstellen", „Überzeugen" …

Wichtig ist auch das Erkennen der Textsorte und der Adressaten.

Vom Kleinen zum Großen und Ganzen

Viele Jugendliche meinen, sich erst dann „reinzuhängen", wenn es um etwas geht – und das klappe dann auch – Aufsätze, Übungsaufsätze, Hausaufgaben werden daher knapp erledigt. Zudem steht nicht immer die Zeit zur Verfügung, Schreibaufgaben umfassend und ausführlich auszuführen.

Vorschläge:

- Zu einer These nur drei bis fünf Argumente ausformulieren lassen:

  Formuliere drei (fünf) Argumente zur These „Helfen ist Ehrensache" und belege diese mit Informationen aus deinen Quellen / aus deinen Kompendiumtexten. Achte auf das richtige Zitieren.

- Arbeitsteilig in Gruppen verschiedene Teilthemen bearbeiten und schreiben lassen.
  Die Texte werden untereinander ausgetauscht und besprochen.
- Nur ein Teilthema vorgeben (kann auch als Klassenaufsatz differenziert mit zwei bis drei Teilthemen erfolgen!) und schreiben lassen.
- Eine umfassende Schreibaufgabe als Klassenarbeit stellen.

Die folgenden Seiten enthalten Kopiervorlagen zur Unterstützung des Schreibprozesses.

So gelingen Schreibanlässe

Halte einen Vortrag zum Thema „Ist Helfen Ehrensache?", gestalte eine Seite für die Schülerzeitung, in der Möglichkeiten sozialen Engagements vorgestellt werden, oder verfasse einen Leserbrief zu einem Zeitungsartikel.

Wichtig ist, dass du zuerst die Aufgabenstellung gründlich untersuchst:

○ Welche Textsorte ist gefordert (Leserbrief, Kommentar, Pro- und Kontra-Erörterung ...)?
○ An wen richtet sich mein Text oder Vortrag?
○ Welche Absicht, welches Ziel verfolge ich (sachlich informieren, kritisieren, überzeugen)?

Vom Schreibplan zum fertigen Text

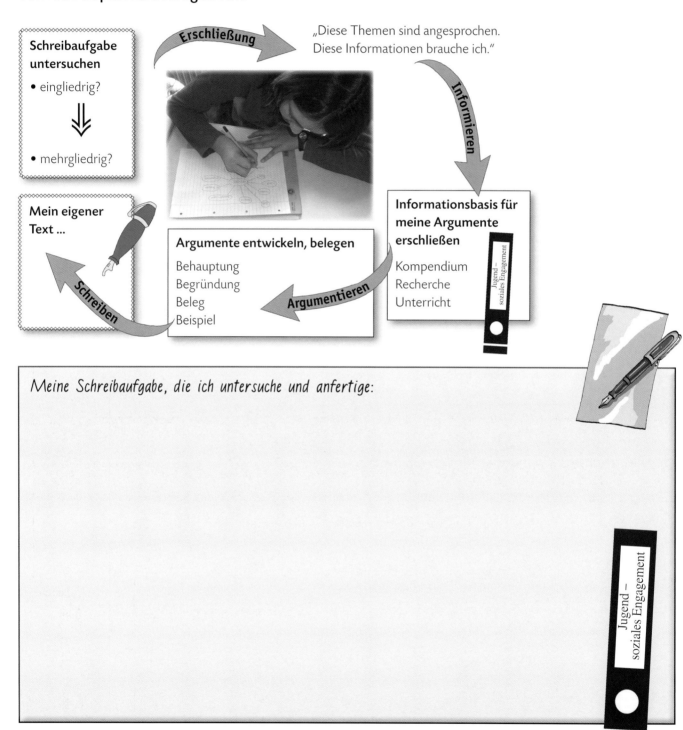

Schreibaufgabe untersuchen
• eingliedrig?
• mehrgliedrig?

Erschließung

„Diese Themen sind angesprochen. Diese Informationen brauche ich."

Informieren

Informationsbasis für meine Argumente erschließen
Kompendium
Recherche
Unterricht

Jugend – soziales Engagement

Argumente entwickeln, belegen
Behauptung
Begründung
Beleg
Beispiel

Argumentieren

Mein eigener Text ...

Schreiben

Meine Schreibaufgabe, die ich untersuche und anfertige:

Jugend – soziales Engagement

Schreibziel

Wie lautet mein Thema? Was soll mein Beitrag leisten bzw. erreichen?

Textsorte und deren Anforderungen

Welche Textsorte? Was für ein Beitrag?

In wie viele Teile gliedert sich der Hauptteil? Worauf muss ich daher achten?

Inhalte / Aufbau

Adressaten

Für wen schreibe ich? Erwartungen der Leser/Zuhörer?

Mögliche Standpunkte/ Erwartungen

Kompendium

Jugend – soziales Engagement

- passende Statistiken
- Artikel zum Thema
- Bilder

Diese Unterlagen kann ich einsetzen:

1. _____   4. _____

2. _____   5. _____

3. _____   6. _____

Verwendung des Kompendiums in der Prüfung

Bei der Prüfungsaufgabe in Baden-Württemberg ist eine Anmerkung abgedruckt, die den Einsatz deines Kompendiums regelt. **Lies sie sorgfältig!** Sie könnte lauten:

Anmerkung:

Zur Bearbeitung der Aufgabe dienen die Impulstexte und das selbst erstellte Kompendium. Texte aus dem Kompendium, aus denen Textstellen wörtlich übernommen werden, müssen dem Prüfungsaufsatz beigelegt werden.

Du darfst in der Prüfung verwenden:

– die zum Thema gehörenden Impulstexte
– dein Kompendium

Alle Texte (auch Zeichnungen, Statistiken und Grafiken) auf die du „wörtlich" Bezug nimmst, musst du mit abgeben.

Welche sind damit gemeint?

- *Zunächst Texte, aus denen du zitierst:* Du entnimmst wörtlich Textstellen in deinem Beitrag, du zitierst diese.
  Gib daher im Text die Fundstelle genau an und lege alle diese Beiträge deinem Prüfungsaufsatz bei.

- *Auch Statistiken, Bilder, Grafiken:*
  Wer eine Rede/einen Vortrag hält, benutzt Grafiken, Karikaturen, Statistiken.
  Auch solche Texte kannst du deinem Kompendium entnehmen und verwenden.

Das ermöglicht gute Gestaltungsmöglichkeiten:

Du beziehst dich in deinem Beitrag auf die Bilder, Statistiken, Karikaturen, so als ob du sie eingeklebt hättest.
Dazu gibst du im Text genau an:
- die Bezeichnung des Fotos, der Karikatur, der Statistik,
- worin diese enthalten ist (z.B. in einem kopierten Artikel aus deinem Kompendium, Seite angeben). Im entsprechenden Artikel, den du natürlich mit abgibst, machst du kenntlich, wo du die Quelle im Prüfungsaufsatz verwendest.

Beispiele:

- Du hältst in deinem Vortrag zum Thema „Ist Helfen Ehrensache?" fest:
  „Auflegen Statistik aus …" oder *„Projizieren der Karikatur von Plaßmann ‚Ehrenamt' "*

Gehe auf jeden Fall auf diese Quellen ein, teile mit, was sie aussagen, worauf sie verweisen, welche Informationen sie enthalten. Kurz gesagt: Werte sie gut verständlich aus und verweise nicht nur darauf!

Tipps zur Überarbeitung von Texten

Lasse den Text etwas ruhen (lege eine Pause zur Entspannung ein!) und gehe ihn dann kritisch durch. Durch die Distanz erkennst du leichter

- sprachliche Mängel
- ungenaue, ja unverständliche Darstellungen
- fehlende oder unzureichende Argumente
- Lücken in der Argumentation

- ob ein „roter Faden" vorhanden ist
- überflüssige, langatmige Ausführungen oder Wiederholungen

Bei Hausaufsätzen legst du zwei, drei Tage „Setzzeit" ein.

Prüfe in einem ersten Lesedurchgang:

– Schreibhaltung (z.B. aus Sicht eines Jugendlichen) eingehalten?
– Textform erfasst und umgesetzt?
– Adressat beachtet (Jugendliche, Eltern oder ...?)

Sehr zu empfehlen: Textwirkung testen

Jeder Autor hat seine Stärken aber auch Schwächen und Schreibeigenarten. Deshalb empfiehlt es sich, seine Erstfassung anderen vorzulesen. Diese erkennen als Leser oder Zuhörer leichter Stärken und Mängel deiner Ausführungen und können dir Tipps geben.

Die Schreibkonferenz geht noch einen Schritt weiter:

- Die Mitglieder einer Dreier- oder Vierergruppe lesen sich abwechselnd ihre Texte vor. Jedes Mitglied erhält so Hilfen und Korrekturhinweise.
- Die Zuhörer geben nach dem ersten Vorlesen ihren Ersteindruck wieder.
  Dabei wird vor allem auf die Wirkung des Textes eingegangen und besprochen, ob er das Schreibziel (informieren, überzeugen, nachdenklich stimmen) erreicht und auf die Adressatengruppe eingeht.
- Danach werden je nach Schreibaufgabe Korrekturen durchgeführt.
- Diese können sehr punktuell sein (siehe Checkliste).
- Einer gibt Tipps zur Gestaltung.
- Ein anderer untersucht den Aufbau von Argumenten usw.
- Dazu wird der Text Absatz für Absatz durchgegangen. Daher ist es praktisch, wenn dein Entwurf einen breiten Rand enthält, auf dem entsprechende Hinweise vermerkt werden können.
- Einzelne Überarbeitungen und Ergänzungen werden von den Beratern auf Zetteln formuliert und dem Autor zur Überarbeitung gegeben.

Klar, in der Prüfung musst du auf diese Unterstützung verzichten!

Die Checkliste gibt dir einen Überblick über die wichtigsten Prüfschritte. Sie kann auch für die Schreibkonferenz verwendet werden.

Checkliste – Textüberarbeitung

○ **Schreibziel und Adressaten**

Ist die Schreibaufgabe richtig erfasst, das Schreibziel formuliert und im Text wiederzufinden?
Sind die Adressaten berücksichtigt (Sprache, Formulierungen, Ansprache, Erwartungen)?

○ **Textsorte**

Sind die Anforderungen und Merkmale der Textsorte erkannt und eingesetzt worden?
Welche fehlen oder wären zu vertiefen?

○ **Wirkung – Bezug zu Adressaten**

Versetze dich in die Lage eines Lesers oder Teilnehmers (bei einem Vortrag):
Welche Wirkung hinterlässt der Text bei den Adressaten?
Werden diese „angesprochen", sind sie nun informiert, könnten sie überzeugt worden sein?

○ **Aufbau**

Wie ist der Aufsatz gegliedert? Kann der Leser/Hörer einen „roten Leitfaden" erkennen?
Ist eine Steigerung in der Darstellung erkennbar?

○ **Sprache und Ausdruck**

Gibt es Überleitungen zwischen den Gliederungspunkten und Texteinheiten?
Sind die Argumente flüssig miteinander verbunden? Sind die Sätze nicht zu überladen, zu lang?
Ist der Satzbau verbindend, flüssig? Sind Satzbau, Rechtschreibung und Zeichensetzung korrekt?
Denke daran: Verwende die neue Rechtschreibung!

Prüfe immer sorgfältig:

➠ Ich habe verschiedene Quellen benutzt und diese angegeben – auch Statistiken, Bilder, Karikaturen.

➠ Ich gehe auf die Quellen ein, stelle die Aussagen der Statistik oder Karikatur heraus.

➠ Ich belege meine Behauptungen und Forderungen (Argumente) nach diesem Muster: Behauptung – Begründung – Belege.

➠ **Die Überzeugungskraft der Argumente ist entscheidend. Halte daher fest:**

  – Themen, Bereiche, die noch stärker entwickelt werden müssen:

  – Argumente, die fehlen:

  – Argumente, die ich besser ausformulieren muss:

  Dementsprechend gehst du dein Kompendium noch einmal durch und wählst weitere Quellen aus.

SH 28

Vorschlag:

Kompen-dium-material	Schwerpunkte laut Aufgabenstellung		
	Notwendigkeit sozialen Engagements Jugendlicher in der Seniorenbetreuung	Eigene Überlegungen/ Abwägung	Andere für Seniorenbetreuung motivieren
K1	• immer älter werdende Gesellschaft • steigender Betreuungs-aufwand • Betreuung beinahe unbezahlbar • künftig auf ehrenamtliche Helfer angewiesen	• selbst Erfahrungen älterer Menschen kennenlernen • erfahren, was uns selbst auch bevorsteht • zunächst selbst den Umgang mit Älteren lernen = Mehraufwand	• Dankbarkeit der pflege-bedürftigen Menschen • Generationendialog – Verständnis füreinander
K2	• relativ geringe Aktivität und Engagement im sozialen Bereich • Jugendliche sind die Fachkräfte von morgen	• Gründe suchen, warum das so sein könnte • Tätigkeitsbereiche werden wahrscheinlich auch später beibehalten, also wird das Engagementdefizit eher größer • im Vorderfeld liegen Dinge, die mir wirklich Spaß machen	
K3	• alte Menschen sind nicht mehr mobil und brauchen die Hilfe der Jüngeren	• für mich kleine Tätigkeiten, z. B. Bücherei, Post, Einkaufen, Blumengießen, Computer-fähigkeiten, mit dem Hund Gassi gehen, aber für die Senioren erleichtern sie den Alltag ungemein	• anderen eine Freude bereiten – man bekommt sie doppelt zurück • Ausstellung eines Zertifikats, denn „Social Skills" spielen bei der Bewerbung zunehmend eine größere Rolle
K4	• Konfrontation mit der sozialen Wirklichkeit	• besseres Verständnis für die ältere Generation entwickeln – hilft bei Konflikten und beugt Vorurteilen vor	• Jugendliche spüren, dass sie dort gebraucht werden • spannender Geschichtsunter-richt, wenn Senioren erzählen

SH 29

Aus diesem Grundgerüst entwickeln die Schüler Argumente, z. B.:

These: Im Vergleich zu anderen Betätigungsbereichen engagieren sich doch relativ wenig Jugendliche im sozialen Bereich.

Begründung: Viel beliebter ist ein freiwilliges Engagement im Bereich Sport und Bewegung, da hierbei der eigene Spaß und wohl auch das gemeinsame Erlebnis mit anderen Gleichaltrigen Antriebsmotoren sind.

Beleg: Das belegt die Bertelsmann-Stiftung mit eindeutigen Zahlen: Während im sportlichen Bereich über die Hälfte aller Jugendlichen aktiv ist und sich auch 12 % von ihnen freiwillig mit zusätzlichen Aufgabenbereichen engagieren, sind lediglich 8 % der Befragten im sozialen Bereich aktiv und sogar nur 3 % engagieren sich dort freiwillig. (Quelle: Jugend in der Zivilgesellschaft. Freiwilliges Engagement Jugendlicher 1999 – 2009; Bertelsmann-Stiftung; Kurzbericht 2011). Auch wenn die Zahl der freiwillig Engagierten hier leicht zugenommen hat, wird deutlich, dass eine Motivation Jugendlicher für den sozialen Bereich, in den auch die Seniorenbetreuung fällt, dringend notwendig ist.

Beispiel: Natürlich ist der Spaßfaktor bei der Seniorenbetreuung nicht so hoch wie im Sport, was auch Jugendliche aus der Gemeinde Calw-Hiersau bestätigen, die schon mehrere Male im Altenheim „Haus Nagoldtal" ihre Zeit mit Senioren verbracht haben.

Anhand dieser Vorarbeiten können die Schüler nun analog zum Gliederungsvorschlag im SH S. 29 bis 30 ihr Material aufbereiten, einsetzen und den Artikel formulieren.

Es bietet sich auch an, eine Schülervariante zu untersuchen. Auf der Folgeseite finden Sie den Auszug aus einem Schüleraufsatz mit Kommentaren zu dessen Ausführung. Die Rohfassung zum Untersuchen durch die Schüler befindet sich auf der Begleit-CD als Word-Datei: **Schueleraufsatz_Senioren.doc.**

SH 29 – 30

Ich möchte zuerst auch auf die Problematik der Senioren, was ihr alltägliches Leben betrifft, hinweisen. Wie ich bereits erwähnt habe, gibt es immer mehr Senioren, doch für professionelle „Rundumpflege" gibt es zu wenig Personal. Neben der alltäglichen Pflege kommen Spiele, Spaziergänge oder einfacher Gesprächskontakt zu kurz. **Diese Leerzeile könnten die Jugendlichen füllen. Dadurch gewinnen die Senioren zum Teil ihre Lebensfreude wieder.** Sie werden von ihrem oft eintönigen Dasein abgelenkt und freuen sich auf den nächsten Besuch der Jugendlichen.

Tinka Greve (16) und Jannis Heisener (15) besuchen seit 18 Monaten alte Menschen und unterhalten sich mit ihnen bei Saft und Kuchen.

Doch man kann sich auch auf andere Weise nützlich machen. Denn was für die Alten früher selbstverständlich gewesen ist, ist heute eine **echte Herausforderung. Einkaufen, Spazierengehen oder sich selbst waschen** ist für viele nicht mehr möglich. Oft sind diese Senioren gar nicht im Seniorenheim, sondern bei dir in der Nachbarschaft. Für die Jugendlichen bedarf es keiner großen Anstrengung, eine Einkaufstasche zu tragen oder mit den Senioren eine kurze Runde zu drehen. Was für Jugendliche Kleinigkeiten sind, sind für die Alten ganze Mount Everests. Deshalb sind solche Hilfen ja auch so wichtig.

Projekte wie in Riedlingen „Jung hilft Alt" sind große Vorbilder. Die Jugendlichen gehen den Senioren aus ihrer Region im Alltag zur Hand. Das Projekt soll den Alten nicht nur helfen, sondern auch gegenseitiges Verständnis schaffen und generationsübergreifende Kontakte knüpfen.

Behauptung mit Begründung: Jugendliche könnten – soziale Kontakte ergänzen.

- Statistische Angaben ergänzen
- Besser ausführen

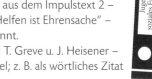

Prima: Bezug auf Beispiel aus dem Impulstext 2 – „Soziales Engagement – Helfen ist Ehrensache" – jedoch: Quelle nicht genannt.
- Beleg besser ausführen: T. Greve u. J. Heisener – Schul-AG, wann, wo, Ziel; z. B. als wörtliches Zitat

- Gute Veranschaulichung

Das Argument wird durch eine Folgerung gut abgeschlossen

Gute Überleitung zum Projekt „JuhA", Beitrag im Schülerheft

- Die Schülerin bezieht sich auf einen Beitrag aus dem Schülerheft – ohne jedoch die „JuhA" kurz vorzustellen und die Quelle zu nennen.
- Elegant: Überleitung zu neuer These. Die „generations-übergreifenden Kontakte" müssten nun erläutert und veranschaulicht werden, welche Vorteile für beide Seiten darin liegen.

In den Prüfungsmodalitäten wird vorgegeben, dass Texte aus dem Kompendium, aus denen Textstellen wörtlich übernommen werden, dem Prüfungsaufsatz beigelegt werden müssen.

Angebote für dein Kompendium

SH 31 – 44

Die hier angebotenen Texte bieten ein breites Spektrum an Informationen. Sie können ausgewertet ins Kompendium übernommen oder auch nur als zusätzliche Informationen genutzt werden. Im Folgenden erscheint eine Übersicht über die Inhalte der Texte und mögliche Verwendungsansätze für die Schreibaufgaben im Schülerheft.

Die Auswertung der Texte durch die Schüler sollte am besten in individueller Arbeit, auch als Hausaufgabe, vorgenommen werden mit der abschließenden Frage, welche der Materialien sie wie und warum ins Kompendium übernommen haben.

SH	Text	Themen	Informationen	Einsatzmöglichkeiten
S. 31	NABU – Naturschutzzentrum Federsee: Nach der Schule etwas Sinnvolles machen	– Möglichkeiten, sich freiwillig sozial zu engagieren – Motivation, sich freiwillig zu engagieren und Vorstellungen – Persönlicher „Gewinn" durch freiwilliges soziales Engagement	– Julia Allweiler, erste Teilnehmerin des BFD beim NABU-Naturschutzzentrum Federsee – körperlich anstrengende Arbeit – Riedlandschaft muss für seltene Tiere und Pflanzen erhalten werden – sie wurde gebraucht – ausführliche Einarbeitung, Erfahrungen sammeln – Durchhaltevermögen und ehrliches Interesse an der Natur sind gefragt – mit kleinem Taschengeld honoriert – Betreuung von Wasserstandspegel, Bestandsaufnahme von Pflanzen und Tieren, handwerkliche Tätigkeiten – berufliche Orientierung	als konkretes Beispiel für soziales Engagement im Naturschutz Schreibaufgabe SH S. 45
S. 32	NABU – Naturschutzzentrum Federsee: Kerstin Wernicke über Aufgaben des NABU und Rolle der Freiwilligen	– Wert und Würdigung des Ehrenamts – Persönliche Voraussetzungen und Vorstellungen – Persönlicher „Gewinn" durch freiwilliges soziales Engagement – Motivation, sich freiwillig zu engagieren	– auf engagierte junge Freiwillige angewiesen – echter Wille und Teamfähigkeit gefordert – Mitbestimmungsmöglichkeit, Einbringen von eigenen Ideen – Berufsorientierung (Natur, Ökologie, Öffentlichkeitsarbeit und Journalismus) – sich schnell in neue Themen einarbeiten, etwas durchziehen, sich und andere zu organisieren, kreative Lösungen finden, mit verschiedenen Menschentypen umgehen – Mindestalter 18 und Führerschein, körperliche Fitness, kein Heuschnupfen – Praktikum: 4 Monate; BFD: 6 Monate; FÖJ: September bis August	Schreibaufgabe SH S. 45
S. 33	Einsatzmöglichkeiten für junge Freiwillige beim NABU-Naturschutzzentrum Federsee	– Möglichkeiten, sich freiwillig sozial zu engagieren	– tabellarische Übersicht	Schreibaufgabe SH S. 54
S. 34	„Jung hilft Alt": Wir sind JuhA!	– Möglichkeiten, sich freiwillig sozial zu engagieren	– Unterstützung älterer Mitbürger – Jenny, Maurice, Tamara, Larissa sind Mitglieder des Projekts „Jung hilft Alt" – Computerhilfe – Fotos sortieren, einkaufen, spülen, abstauben, spielen, spazieren gehen, das Essen zubereiten	als konkrete Beispiele für soziales Engagement
S. 35	„Jung hilft Alt": Betrachtung des Kreisseniorenrats	– Probleme mit dem Ehrenamt – Persönlicher „Gewinn" durch freiwilliges soziales Engagement	– Nachwuchs- und Fachkräftemangel aufgrund der demografischen Entwicklung – Gesellschaft muss soziale Missstände auffangen – Hilfe zur Selbsthilfe im generationsübergreifenden Handeln gefordert – Ängste und Vorurteile abbauen, Selbstwert stärken, Zukunft gemeinsam gestalten – voneinander lernen – Verständnis zwischen den Generationen schaffen – soziale Verantwortung kennenlernen – Beziehungsarmut kompensieren	Schreibaufgabe SH S. 45
S. 35	„Jung hilft Alt": Silke Wiedmayer „JuhA – Jung hilft Alt!"	– Der „(Ver)ruf" der Jugend	– Jugendlichen wird unterstellt, dass sie scheinbar nichts tun – nicht über einen Kamm scheren – im ländlichen Bereich fehlen oft Angebote für eine sinnvolle Freizeitbeschäftigung – durch hohe Leistungsanforderungen wenig Zeit und Energie für Einsatz in Vereinen – „JuhA" als Alternative, das Taschengeld aufzubessern – Chance für Jung und Alt	Schreibaufgabe SH S. 54
S. 36/37	Robert Knollmann: „Für das, was man tut …"	– Möglichkeiten, sich freiwillig sozial zu engagieren – Motivation, sich freiwillig zu engagieren – Persönlicher „Gewinn" durch freiwilliges soziales Engagement – Wert und Würdigung des Ehrenamts	– Engagement in der Jugendarbeit – Prägung durch ein aktives Elternhaus – Jugendleiterschein mit 15 – Engagement in der Kirchgemeinde, Arbeit in Gremien – Zeitmanagement, Selbstorganisation erlernen – etwas für andere tun, anderer Freude bereiten, das Glück anderer erleben	Schreibaufgabe SH S. 45 Schreibaufgabe SH S. 53

S.	Titel	Themen	Inhalte	Hinweise
S. 37/38	Tinka Greve: „Altersheim und Kindergarten – Ich habe neue Herausforderungen, meine Grenzen gesucht"	– Motivation, sich freiwillig zu engagieren – Möglichkeiten, sich freiwillig sozial zu engagieren	– Erfahrungen und Fähigkeiten, die man mit Geld nicht kaufen kann – Moderation, Projektarbeit, Teamarbeit, sich präsentieren, Verantwortung für andere Menschen übernehmen – Selbstvertrauen – Persönlichkeitsentwicklung, Entwicklung von Werten – Kontakte knüpfen – sich selbst ausprobieren, ohne Grenzen entwickeln – soziales Engagement findet zu wenig Beachtung in der Gesellschaft – Rahmenbedingungen stimmen nicht	als konkretes Beispiel für soziales Engagement Schreibaufgabe SH S. 45
S. 39/40	Menschen mit Behinderung: Soziales Engagement – ist es cool, anders zu sein?!	– Möglichkeiten, sich freiwillig sozial zu engagieren – Persönlicher „Gewinn" durch freiwilliges soziales Engagement – Die Frage der „Ehre"	– freiwilliges Engagement bei Menschen mit Behinderung (Schulpraktikum) – über sich selbst viel erfahren – gewinnt Lebenserfahrung, Reife, Selbstsicherheit im Umgang mit anderen – sich auf andere einlassen – Sind wir es der Gesellschaft nicht schuldig, einen Beitrag zum Gemeinwohl zu leisten? – Mut und Entschlossenheit	Schreibaufgabe SH S. 45 Nachdenken über die Eignung zu bestimmtem sozialen Engagement
S. 41	Jasmin Mohn: Meine Meinung: Gesellschaftliches Engagement als Pflicht für alle!	– Die Frage der „Ehre" – Probleme mit dem Ehrenamt	– ein Jahr seines Lebens der Gesellschaft widmen – Aufwandsentschädigung und Absicherung, Kost und Logis	Warum kann (ist) Bundesfreiwilligendienst kein Pflichtdienst sein?
S. 41	JFE – Die Jugendfeuerwehr Erolzheim	– Möglichkeiten, sich freiwillig sozial zu engagieren	– anspruchsvolle Ausbildung (alle 2 Wochen Dienstabend) – Generationen arbeiten zusammen: Feuerwehrmitglieder – Jugendwarte – Jugendliche	als konkretes Beispiel für soziales Engagement, zeigt, dass Einsatzbereitschaft notwendig ist
S. 42	JFE: „Florentine 151. Bitte kommen."	– Möglichkeiten, sich freiwillig sozial zu engagieren – Wert und Würdigung des Ehrenamts	– Aufgabenbereiche (Umgang mit Funk) – Nachwuchsarbeit unerlässlich, denn sie werden zu vollwertigen Mitgliedern im Erwachsenenalter – bereits 11-Jährige bereiten sich auf den Ernstfall vor, der jeden von uns treffen kann	Schreibaufgabe SH S. 53
S. 42/43	JFE: Gespräch mit Daniel Kirchenmaier (Jugendwart)	– Persönlicher „Gewinn" durch freiwilliges soziales Engagement – Motivation, sich freiwillig zu engagieren	– Spaß muss sein – Highlights in der Gemeinschaft – Eltern als Motivation – anderen Menschen helfen wollen – mit Extremlagen konfrontiert werden	Schreibaufgabe SH S. 45
S. 43/44	JFE: Gespräch mit jugendlichen Mitgliedern	– Motivation, sich freiwillig zu engagieren – Persönlicher „Gewinn" durch freiwilliges soziales Engagement – Die Frage der „Ehre"	– Eltern und Verwandte – gutes Gefühl, wenn man helfen kann – Interesse an technischen Dingen – Zuverlässigkeit, Respekt, Teamfähigkeit – Geld sollte kein Anreiz sein, zu helfen – wer nicht hilft, sollte auch keine Hilfe erwarten – Dienst am Nächsten – es ist selbstverständlich, anderen zu helfen – Helfen ist das Ehrenvollste	als konkretes Beispiel für soziales Engagement Schreibaufgabe SH S. 45

SH 44

Freiwilligendienste

Die Freiwilligendienste wurden bereits angesprochen. Für die Schüler ist es wichtig, die verschiedenen Einsatzbereiche zu kennen, um sich in nicht allzu ferner Zeit auch für den eigenen Werdegang damit zu beschäftigen.

Positive Effekte:
- Konfrontation mit der Lebensrealität
- für sich selbst eine sinnvolle Aufgabe finden
- Herausforderungen / Anforderungen des Alltags kennenlernen
- unbezahlbarer „Lohn" für das eigene Leben
- man empfindet sich bewusst als Mitglied der Gesellschaft
- kein Zwang, sondern beruht auf Freiwilligkeit
- Kontakt mit Leuten, die anders leben, anders denken und fühlen
- Welterfahrung

Anregung für die Gestaltung des Werbeplakats:

Ermutigen Sie Ihre Schüler, sich selbst als Werbefigur zu fotografieren. Natürlich wäre es günstig, die Aufgabe mit dem Bereich Kunst zu verwirklichen.

SH 45

Was „springt" für mich dabei heraus?

In Impulstext 2 heißt es: „Barmherzige, die zu hundert Prozent selbstlose Nächstenliebe praktizieren, gibt es nicht". Dieses Zitat kann als Diskussionsanlass verwendet werden. Allerdings bietet er auch die Chance, um daran zu zeigen, dass mit „Lohn" nicht zwangsläufig materielle Werte gleichgesetzt werden können. Beim sozialen Engagement tritt der in den Hintergrund.

Studien zeigen, dass ehrenamtlich und sozial engagierte Jugendliche erfolgreicher in der Schule sind, eine hohe soziale Verantwortung entwickeln und auch im Erwachsenenalter politisch und sozial engagierter sind. Das gelingt unter anderem deshalb, weil Jugendliche eng mit Erwachsenen zusammenarbeiten, deren Weltsicht kennenlernen und sich mit dieser intensiv auseinandersetzen. Jugendliche erleben, dass ihr Mitwirken positive Folgen für sozial Bedürftige, für die Umwelt oder für Mitschüler hat. Sie werden mit Aspekten wie Armut, sozialer Ungleichheit und Umweltverschmutzung konfrontiert, die ihnen vorher in dem Ausmaß kaum bekannt waren. Dies regt zum Nachdenken über die Gesellschaft und die eigene Rolle innerhalb der Gesellschaft an.

Gemeinnützige Tätigkeit fördert zudem das politische und soziale Bewusstsein, hilft bei der Entwicklung der eigenen Identität und geht mit weniger Problemen des Aufwachsens einher. Das bewirkt oft, dass Jugendliche weniger stark zwischen Leistungsanforderungen und spaßbetonten Freizeitangeboten hin- und hergerissen sind. Grund hierfür ist, dass Jugendliche bei sozialem Engagement erleben, dass sich auch Anstrengungen und zeitliche Investitionen zu einem kurzfristigen Nutzen für sie selbst und diejenigen, die unterstützt werden, entwickeln. Man könnte wohl sagen: Soziales Engagement fördert das Gefühl von Produktivität.

Den Schülern steht eine Informationsfülle zur Verfügung, die sie allein schon aus den Angebotstexten im Heftmittelteil entnehmen können (Die Tabelle im LH S. 52–53 gibt eine Übersicht über Inhalt und Verwendung dieser Kompendiumangebote im SH S. 31–44).

Vorgehensvariante: Teilen Sie die Klasse in Schüler, die bereits freiwilliges soziales Engagement ausüben und diejenigen, die nicht freiwillig engagiert sind, und lassen sie von beiden die Grafik unabhängig voneinander erstellen (auf große Plakatformate). Im Anschluss können die Ergebnisse verglichen werden, was unter Umständen sehr interessant sein kann, vor allem, was die emotionalen Effekte des Engagements angeht.

Argumentationsübung:

Argumentieren_Auswirkungen.doc

An der Figur anbringen bedeutet, dass die „Effekte" an der jeweiligen Körperstelle (Kopf, Herz ...) eingetragen werden, z. B.:

- gutes Gefühl, wenn man helfen kann
- etwas Gutes tun
- Highlights in der Gemeinschaft erleben
- das Gefühl erleben, gebraucht zu werden
- emotionale Zuwendung von Erwachsenen
- Anerkennung erfahren

- Persönlichkeitsentwicklung, Entwicklung von Werten
- Zuverlässigkeit, Respekt, Teamfähigkeit
- soziale Verantwortung kennenlernen
- etwas Sinnvolles tun
- etwas lernen, was man fürs Leben wirklich braucht
- eigene Bedürfnisse befriedigen

- über sich selbst viel erfahren
- Zeitmanagement erlernen
- neue Herausforderungen und eigene Grenzen entdecken
- Fähigkeiten in Moderation, Projektarbeit, Teamarbeit gewinnen
- sich präsentieren, Verantwortung für andere Menschen zu übernehmen
- sich und andere organisieren
- kreative Lösungen finden

- Menschleben retten
- Lebenserfahrung, Reife, Selbstsicherheit im Umgang mit anderen gewinnen
- Erfahrungen und Fähigkeiten erhalten, die man mit Geld nicht kaufen kann

- Selbstvertrauen, Selbstwert stärken
- die eigenen Stärken und Schwächen herausfinden
- Kontakte knüpfen
- Ängste und Vorurteile abbauen
- Zukunft gemeinsam gestalten / mitgestalten
- voneinander lernen – Verständnis zwischen den Generationen schaffen
- verschiedene Beziehungen kennenlernen
- Mitbestimmungsmöglichkeit, Einbringen von eigenen Ideen

- günstig in andere Länder reisen
- Berufsorientierung
- zusätzliche Qualifikationen erwerben
- Schulzertifikat erhalten (Lebenslauf „aufpeppen")
- sich selbst auf verschiedenen Gebieten ausprobieren

Wechselwirkung zwischen Engagement und der Persönlichkeitsentwicklung

Einleitung:
- ausgehend vom Begriff „soziales Engagement" – konkrete Tätigkeiten
- ausgehend von persönlicher Tätigkeit im Bereich soziales Engagement
- ausgehend von Schülermeinungen / Zitaten, z. B.:
  - *Siehe auch Schülerheft Seite 2 und 52.*
  - *Lebe so, dass du deine Tage nicht zu verheimlichen brauchst, aber auch kein Verlangen hast, sie zur Schau zu stellen.* (Leo Tolstoi)
  - *Jeder muss sich entscheiden, ob er im Licht der Nächstenliebe oder im Dunkel der Eigensucht leben will.* (Martin Luther King)
  - *Verantwortlich ist man nicht nur für das, was man tut, sondern auch für das, was man nicht tut.* (Laotse)
  - *Verschließe nicht deine Augen vor dem Leiden und lasse dein Bewusstsein nicht für seine Existenz abstumpfen.* (Buddha)

Hauptteil:
- die obige Aufzählung wird gegliedert, eine Reihenfolge für die Einarbeitung in den eigenen Text festgelegt, z. B.:
  - emotionale Entwicklung
  - Werteentwicklung
  - Fähigkeiten und Fertigkeiten
  - Denken und Handeln
  - Berufsorientierung
  - Mitgestalten der Gesellschaft

Schluss:
- Fazit
- persönliche Einschätzung

Wichtigkeit der Argumente

STEIGERUNG

!

Hinweis:
Es ist immer überzeugend, mögliche Gegenargumente zu nennen, diese jedoch zu entkräften.

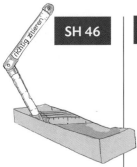

SH 46

Kompendiummaterialien verwenden – richtig zitieren

Zwischen Verwirklichung und dem Streben nach Sicherheit

[…] Für den jungen Mann genießen soziale Werte wie Gemeinschaft und Verantwortung hohe Priorität. Damit liegt er nach den durch Dauerbeobachtung erzielten Ergebnissen des letzten Jugendsurveys des Deutschen Jugendinstituts München durchaus im Trend seiner Generation, auch wenn die Zahl derjenigen, die sich tatsächlich engagieren, leicht rückläufig ist. […] Auch Pflichtbewusstsein und Leistung spielten für sie eine große Rolle, Konformismus und Egoismus hingegen würden von den Jugendlichen mehrheitlich abgelehnt. […]

Quelle: *„Funkstörung zwischen den Generationen"*, Ulrike Frenkel, Stuttgarter Zeitung vom 23.8.2010

Es ist nachweislich so, dass Werte wie Gemeinschaft und Verantwortung bei sozialem Engagement einen großen Stellenwert einnehmen. Das wird in verschiedenen Texten, in denen engagierte Jugendliche wie Robert Knollmann über ihr Engagement berichten, bestätigt. Gott sei Dank scheinen sie nun keine Einzelfälle mehr darzustellen, denn: „Damit liegt er nach den durch Dauerbeobachtung erzielten Ergebnissen des letzten Jugendsurveys des Deutschen Jugendinstituts München durchaus im Trend seiner Generation, […]" (Quelle: *Funkstörung zwischen den Generationen*, Ulrike Frenkel, Stuttgarter Zeitung vom 23.08.2010). So kann man also für sich selbst wohl nur Positives aus einem sozialen Engagement, egal in welchem Umfang, „mitnehmen".

SH 47

Soziales Engagement – eine Frage der Ehre?

Ist Helfen Ehrensache?

Es bietet sich an, dass die Schüler zunächst Nachschlagewerke bemühen, um sich der Bedeutung des Wortes zu nähern. Verwendet wird der Begriff „Ehrensache" umgangssprachlich für *selbstverständlich*.

Begriffsklärung:

- die Ehre betreffende Angelegenheit
- Ehre: Ansehen, Wertschätzung durch andere
- assoziiert mit: Achtung, Anerkennung, Ansehen, Autorität, Bedeutung, Geltung, guter Ruf, Hochachtung, hohe Meinung, Respekt, Würde, Auszeichnung, Belohnung, Bewunderung, Ruhm, Anstand, Selbstachtung, Stolz, Wertgefühl
- man muss es sich verdienen
- man vollbringt etwas, erbringt eine Leistung
- Vorbildwirkung

Die Annäherung an den Begriff kann auch mittels Bildassoziationen erfolgen: Dazu suchen die Schüler selbst Motive, die ihrer Meinung nach den Begriff „Ehre" ausdrücken.

Vermeiden Sie ein Ausufern der Schülerdefinitionen. Sonst gelangen diese zu „Ehrenmord" – Ehrensache immer in Bezug auf soziales Engagement.

Aus den Kompendiummaterialien erfahren die Schüler:

- überwiegendes Motiv, sich zu engagieren: etwas Gutes tun, anderen helfen
- wenn man eine Vorstellung von der Welt hat, dann sollte man etwas dafür tun, dass sie so sein wird
- es sollte selbstverständlich sein, einen Teil seiner Zeit in die Gesellschaft zu investieren
- Helfen ist Ehrensache – wer nicht hilft, kann auch keine Hilfe erwarten

Übrigens: Ursprünglich war ein Ehrenamt „die Übertragung hoheitlicher Befugnisse auf besonders hervorgehobene Persönlichkeiten", die dafür kein Entgelt nahmen, weil sie es nicht nötig hatten und es ihre Ehre beschädigt hätte.

SH Impulstexte S. 36/37, S. 43

Sollte soziales Engagement verpflichtend für jeden sein?

SH 48

Dies ist sicherlich eine kontrovers zu diskutierende Frage, die für die einen mit einem klaren Ja beantwortet wird, für andere einen Eingriff in die persönliche Entscheidungsfreiheit bzw. die demokratischen Grundrechte darstellt. Dennoch ist die Auseinandersetzung damit notwendig und kann natürlich auch entscheidungsfördernd für das eigene Engagement sein.

PRO	KONTRA
• Es könnte der Tendenz entgegenwirken, dass jeder nur an sich denkt und somit der Solidargedanke in unserer Gesellschaft langsam verschwindet. • Hierdurch würde soziales Engagement eine höhere Wertschätzung bekommen. • Zur Förderung des Verantwortungsgefühls bei Jugendlichen wäre das sicherlich gut. • Gute Idee, denn jeder muss wissen, dass man nicht nur nehmen und fordern kann, sondern auch geben muss.	• „Zwang" und „soziales Engagement" widersprechen sich von vornherein. • Dadurch werde ich in meiner individuellen Lebensplanung und Entscheidungsfreiheit eingeschränkt. • Meine Stärken liegen doch auch in anderen Bereichen. • Damit stellt sich unsere Gesellschaft ein Armutszeugnis aus. • Freiwilliges Engagement ist auch immer Ausdruck einer aktiven Zivilgesellschaft, in der man selbst entscheidet, wofür man sich engagiert.

Diese Statements könnten für beide Seiten als Argumente verwendet werden. Entweder stellen sie bestimmte Bedingungen, um „Pro" oder „Kontra" zugeordnet werden zu können oder sie müssen zunächst mit Ja oder Nein beantwortet werden. Sie können zur vorbeugenden Schwächung möglicher Gegenargumente dienen → *„manch einer könnte sagen, dass …, jedoch …"*

• Ein finanzieller Anreiz wäre hierfür aber schon erforderlich.
• Die Frage nach der Eignung für bestimmte Tätigkeiten muss gestellt werden.
• Jeder von uns sollte sich verpflichtet fühlen, seinen Beitrag zu leisten.

Die Ausgewogenheit der Argumentverteilung zeigt in jedem Fall, dass eine Entscheidung für oder gegen ein verpflichtendes soziales Engagement individuell von jedem Schüler getroffen werden muss.

These	Argument	Beleg	Beispiel
Soziales Engagement sollte verpflichtend für jeden Jugendlichen eingeführt werden.	Ich halte das für eine gute Idee, denn jeder muss wissen, dass man nicht nur nehmen und fordern kann, sondern auch geben muss. Manchmal ist eine Pflicht zur Erkenntnis nicht schlecht, allerdings würde ich favorisieren, dass eine solche Verpflichtung wachsen muss.	In unserer modernen Welt, in der alle einen hohen Lebensstandard als selbstverständlich annehmen, werden hierfür zu bewältigende Aufgaben größer und der Staat kann sie alleine nicht erfüllen. Außerdem sind die Menschen, der Staat und wir für die Gestaltung selbst verantwortlich.	Prima auf den Punkt gebracht hat das Thomas von der Freiwilligen Jugendfeuerwehr Erolzheim, indem er sagte: „Wer nicht hilft, sollte normalerweise auch keine Hilfe erwarten." (Quelle: Cornelia Zenner, Günter Krapp: *Jugendliche und soziales Engagement – Ist Helfen Ehrensache?*, Schülerheft, Krapp & Gutknecht: Rot a. d. Rot 2012, S. 43) Daraus ergibt sich eigentlich ein moralisches Selbstverständnis, sich zu engagieren.
Soziales Engagement sollte nicht verpflichtend für jeden Jugendlichen eingeführt werden, sondern weiterhin auf freiwilliger Basis stattfinden.	Ich finde die Verpflichtung zu sozialem Engagement nicht gut, denn dadurch werde ich in meiner individuellen Lebensplanung und Entscheidungsfreiheit eingeschränkt.	Im Extremfall könnte es passieren, dass ich aufgrund des Leistungsdrucks, des Zeitmangels und den hohen Anforderungen, den Aufgaben, nicht gewachsen bin.	Was wäre mit all den Sportlern, die hart trainieren müssen, um zum Erfolg zu kommen? Ich denke, man würde ihnen so die Chance auf den Erfolg nehmen und das kann doch auch nicht gewollt sein.

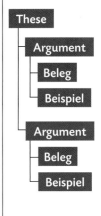

Auf der CD befindet sich eine Übung, die in eine Hausaufgabe oder in eine Klassenarbeit münden kann: **Mohn_Pflichtjahr.doc.**
Dabei wird Frau Mohns Plädoyer für ein Pflichtjahr untersucht und als Basis für die eigene Meinungsbildung verwendet.

„TOP SE"
ist verpflichtend – als „Zwang" ein soziales Engagment „auszuprobieren" und darüber nachzudenken.

These
— Argument
— Beleg
— Beispiel
— Argument
— Beleg
— Beispiel

Siehe auch SH 41: Jasmin Mohn, *Meine Meinung: Gesellschaftliches Engagement als Pflicht für alle!*

SH 49

Der Wert des sozialen Engagements

Im wahrsten Sinne des Wortes ist der Wert des sozialen Engagements „unbezahlbar", zum einen, weil dem Staat dafür die Kapazitäten fehlen (oder sie bei anderen Prioritäten liegen), zum anderen, weil man Einsatzfreude und Willen sowie emotionale Anerkennung nicht kaufen kann. Und genau darin liegen die Werte des Engagements. Anschaulich wird das anhand einer Karikatur von Thomas Plaßmann.

© Thomas Plaßmann

Karikaturaufbau:	• drei Personen (übrigens nur ältere) betrachten ein Modell auf dem Tisch, einer zeigt darauf (fragend), der andere starrt es an, die Frau präsentiert das Modell und hat einen Arm verschränkt
	• das Modell ist stark beschädigt, es sind nur noch ansatzweise Elemente zu erkennen, z. B. Kirche, Kulturstätte, Sportplatz, Wohngebiet, Grünanlagen
	• Sprechblase über der weiblichen Person, welche das Modell erklärt
Bildaussage:	• ohne ehrenamtliche Tätigkeiten ist eine funktionierende Gesellschaft nicht aufrechtzuerhalten
	• auf verschiedenen Gebieten würden Probleme auftreten
Kritikpunkte:	• ehrenamtliche Tätigkeiten als selbstverständlich in allen Bereichen eingeplant
	• fehlende Würdigung des Ehrenamts
	• Zukunftsplanung mit der Annahme, dass sich die Jugendlichen engagieren (diese können aber oft nicht aufgrund des steigenden Alltagsstresses)
	• es muss Einsicht in die Notwendigkeit von ehrenamtlichen Tätigkeiten vermittelt werden

> „Vor einigen Jahren wurde berechnet, dass die Ehrenamtlichen in Deutschland weit über viereinhalb Milliarden Stunden pro Jahr an Arbeit investieren. Wenn man dabei nur einen durchschnittlichen Stundenlohn von 7,50 Euro zugrunde legt […], dann kommt man auf eine Summe von 35 Milliarden Euro. Was für eine Zahl! Beeindruckend! Aber was sie tagtäglich an unzähligen Orten unserer Gesellschaft leisten, ist nicht in Euro und Cent zu beziffern […], ihr Einsatz ist unbezahlbar."
>
> Frank-Walter Steinmeier zum „Tag des Ehrenamtes" 2011

Allerdings sind auch Zahlen und Fakten interessant, die diesen Wert mathematisch etwas objektiver werden lassen. Vielleicht haben Sie einige Mathefreaks in Ihrer Klasse, die ein paar Rechenexempel aus den Aussagen konstruieren können.

Alternative Möglichkeit, diese Aufgabe vorzubereiten und den Wert des sozialen Engagements herauszustellen:

Die Klasse sitzt im Kreis und begibt sich auf eine Fantasiereise. Nach den bisher gewonnen Erkenntnissen dürfte diese ziemlich interessant werden. Sie als Lehrer beginnen die Reise:

„Wir stellen uns vor, wir leben in einer Gesellschaft, die soziales Engagement nicht praktiziert, die von dieser fantastischen Form des Miteinanders noch nie etwas gehört hat. Das Freibad der Gemeinde ist geschlossen, der Gemeinde fehlt es an Geld für Reparaturen und Aufsichtspersonal …"

Nun erfindet ein Schüler die Geschichte weiter. Dabei kann man der Reihe nach vorgehen. Viel spannender ist es allerdings, wenn alle Schüler bei geschlossenen Augen der Geschichte folgen und sich einbringen, wenn ihnen eine passende Idee kommt. Natürlich kann es anfänglich passieren, dass zwei Schüler gleichzeitig reden wollen, aber das pendelt sich ganz schnell ein.

Mögliche Aussagen und Schlussfolgerungen, die als Argumente ausformuliert werden können:

- 32 000 Helfer im Bundesfreiwilligendienst – viele soziale Einrichtungen wären ohne sie nicht aufrechtzuerhalten
- 1,3 Mio. ehrenamtliche Arbeitsstunden im Deutschen Alpenverein – wandern wollen aber viele Bundesbürger auf sicheren Wanderwegen

In den Wandervereinen Deutschlands werden jährlich über 2,3 Millionen Arbeitsstunden von Ehrenamtlichen geleistet. Zwei Drittel der über 30 000 Kilometer Wanderwege werden von ihnen gepflegt.

- allein über 400 000 Ehrenamtliche beim DRK – das DRK könnte die Aufgaben ohne sie überhaupt nicht erfüllen
- 72,8 % der Jugendlichen ab 16 haben sich 2008 noch nie ehrenamtlich engagiert – hat sich das bis 2012 wesentlich geändert? – Aber diese hohe Quote sind die zukünftig gebrauchten Freiwilligen – bricht dann vieles zusammen, wenn die alteingesessenen Freiwilligen nicht mehr können?
- 25 % der Aufgaben in Museen werden von Freiwilligen ausgeführt – nimmt man billigend in Kauf, dass beim Wegfall dieser „Arbeitskräfte" die Museen geschlossen werden? Ist uns Kultur so wenig wert?
- Usw.

Im Ergebnis ergibt sich: Eine funktionierende Gesellschaft, die ihren Bürgern ein hohes Maß an Lebensqualität für alle ihre Mitglieder gewährleistet, ist auf den freiwilligen Dienst der Menschen angewiesen. Bleibt zu diskutieren, wie wir das in Deutschland erreichen können.

Wird freiwilliges Engagement ausgebeutet?

SH 50/51

In einigen Materialien dieses Heftes (z. B. in Impulstext 3) wurde bereits der „Missbrauch" des Ehrenamts angesprochen und bei den Überlegungen zum Wert des freiwilligen Engagements kommt man um die Frage nach einer kleinen Bezahlung auch nicht herum.

Wenn man bei diesem Argumentationsthema nach einem „Kontra" sucht, kann beim Missbrauch des Ehrenamts und bei den Gefahren, die mit der Annahme der Selbstverständlichkeit und vor allem dem Einplanen des Ehrenamts in reguläre Abläufe der Arbeitswelt und der gesellschaftlichen Aufgaben einhergehen, angesetzt werden.

Testen Sie doch zunächst die Reaktion der Schüler auf folgende Aussage:
„Was rechtlich abgesichert ist, ist auch richtig und darf nicht verurteilt werden."
Hierzu verteilen Sie rote (= damit bin ich <u>nicht</u> einverstanden), gelbe (= damit bin ich <u>teilweise</u> einverstanden) und grüne Kärtchen bzw. Symbole (= das sehe ich <u>genauso</u>). Es lassen sich nach den Farben Gruppen bilden, die ihre Meinung begründen.

Ehrenämter als Tarnung von Billigjobs?
- Wohlfahrtsverbände nutzen Aufwandsentschädigung für Ehrenamt, um Löhne im Niedriglohnbereich aufzustocken
- Entartung der steuer- und abgabenfreien Aufwandsentschädigung, die eigentlich die Motivation fürs Ehrenamt stärken soll
- Sollte Aufwandsentschädigung zur Stärkung der Motivation fürs Ehrenamt eingesetzt werden? Taugt das überhaupt als Motivation?
- z. B. werden Pflegekräfte als Minijobber (400 €) eingestellt, leisten aber mehr Arbeit, die über die Aufwandsentschädigung honoriert wird – damit werden Lohnkosten gespart – drei dieser Stellen reichen aus, um einen sozialversicherungspflichtigen Arbeitsplatz zu ersetzen
- schonungsloses Ausnutzen dieser Gesetzeslage, da es ja legal, wenn auch moralisch verwerflich ist

Miteinander – füreinander – Die ver.di Jugend sagt Danke an alle Ehrenamtlichen
- Freiwillige arbeiten heute zum Teil dort, wo noch vor wenigen Jahren Fachkräfte fest angestellt waren
- das zieht Lohndumping bei Festangestellten nach sich
- Qualitätsverschlechterung durch Fachkräftemangel

Weitere Informationen:
- Impulstext 3
- Die Kommunen als moderne Dienstleister wurden verwaltungstechnisch verschlankt, aber viele Aufgaben, die früher in kommunaler Verantwortung lagen, erfüllen heute Wohlfahrtsverbände, Fördervereine und Initiativen, die zum Teil oder ausschließlich mit Ehrenamtlichen arbeiten.
- Beim Bundesfreiwilligendienst hat man mehr Bewerbungen als Plätze – der Bund hat aber die Finanzierung gedeckelt, sodass das Engagement mancher abgelehnt werden muss.
- Ehrenamtliches Engagement wird in Deutschland immer wichtiger. Der Staat kann nicht alles leisten. Deswegen sollte man denen entgegenkommen, die bereit sind, sich zu engagieren.

Das Ehrenamt würdigen

„Internationaler Tag des Ehrenamts" – der 5. Dezember

In Impulstext 3 spielt die Würdigung des Ehrenamts eine große Rolle. Da eine Honorierung mit Geld nicht immer das Ausschlaggebende ist, hier einige Möglichkeiten, die in verschiedenen Bundesländern genutzt werden:

- Gutscheine im Wert eines bestimmten Geldbetrages (ca. 100 €) für Menschen, die vorgeschlagen werden
- Vereinbarungen mit Arbeitgebern, bei Einstellungen auf das bürgerschaftliche Engagement größeren Wert zu legen
- Einladung zu Festveranstaltungen (Urkunden)
- steuer- und abgabenfreie Aufwandsentschädigung für Ehrenamt bis zu einer bestimmten Höhe
- Verleihung der Ehrenamtskarte
- Bonus bei der Studienortwahl (jede herausgehobene ehrenamtliche Tätigkeit bei Anträgen auf bevorzugte Berücksichtigung des ersten Studienortwunsches wird in die Entscheidung der Zentralen Vergabestelle für Studienplätze (ZVS) in Dortmund einbezogen)
- Freistellung für Jugendgruppenleiter/-innen (ohne Entlohnung)
- Jugend(gruppen)leiter/-innen-Card
- ermäßigte BahnCard für Jugendgruppenleiter/-innen
- Beiblatt zum Zeugnis („Qualipass" Baden-Württemberg)
- Und weitere ...

Danksagung an ehrenamtlich Tätige anlässlich des „Internationalen Tages des Ehrenamts" am 5. Dezember

Würdigung und Wertschätzung des Ehrenamtes

Die Wertschätzung des Ehrenamts hat in den USA und in anderen Staaten einen wesentlich höheren Stellenwert als in Deutschland. Dass die Würdigung und das Ausdrücken der Wertschätzung wichtig sind, setzt sich zunehmend auch bei uns durch und äußert sich in Festen für Ehrenamtliche, in Ehrenamtspreisen, in Zuschüssen zu Projekten und in öffentlichen Würdigungen. Viele Landkreise und Kommunen beschäftigen Ehrenamtsbeauftrage oder Koordinatoren, um nachhaltige Projekte und dauerhafte Formen des Engagements zu unterstützen. Ziel ist es, ein positives Klima für Bürgerorientierung und Bürgerbeteiligung zu schaffen und die notwendige organisatorische und professionelle Unterstützung zu gewährleisten.

Planung der Rede

Besonders wichtig sind die Berücksichtigung des Anlasses und der Adressaten:
- „Internationaler Tag des Ehrenamts" am 5. Dezember
- Eltern, Mitschüler und Lehrer
- Würdigung des Ehrenamts in seiner Bedeutung für Jugendliche und Erwachsene, die Schule, die Gesellschaft

Konsequenzen daraus:
- Die Entstehung und der Zweck des Ehrenamtstages müssen kurz erklärt werden.
- Die Beispiele und Anregungen sollen Erwachsene ebenso ansprechen wie Jugendliche und auch Möglichkeiten der Schule aufführen, das Ehrenamt zu integrieren und zu stärken.
- Es liegt daher nahe, Beispiele des Engagements aus der Schule von Mitschülern und Eltern aufzuführen und Anregungen für die Zukunft zu geben.

Aufbau der Rede

Einleitung:
- Anrede der Anwesenden
- Vorstellung der Person und des Anlasses der Rede nennen
- Der Vorschlag im Schülerheft, an Beispielen zu zeigen, was fehlen würde, wenn es weniger Ehrenamtliche gäbe, ist eine rhetorische Variante, die den Zuhörern die unmittelbare Betroffenheit, auch den Eigennutz und den Zugewinn für die Gemeinschaft aufzeigt.

Hauptteil:

Überleitung zum Hauptteil in Form eines Fazits:

„Ohne Ehrenamtliche wäre unser Schulleben, wäre unser Alltag, wäre unser Leben ärmer …"

Bezug nehmen auf den „Tag des Ehrenamtes":

- Sinn des Tages, Anerkennung des Einsatzes und der Hilfe
- Dank an Schülerinnen und Schüler, die sich in der Schule oder in ihrer Freizeit sozial engagieren
- Dank auch an Eltern und Lehrer, die als Ehrenamtliche tätig sind und Vorbilder für die junge Generation sind

Überleiten zu Vorteilen für den Einzelnen: *„Wer gibt, der erhält auch vieles …"*

- Wer sich engagiert, tut dies aus Überzeugung, er will helfen. Helfen ist ihm ein soziales Anliegen, eine Ehrensache.
- Aber auch: Der „neue" Freiwillige fühlt sich nicht nur uneigennützigen Motiven verpflichtet, er sucht nach persönlicher Befriedigung und Bereicherung. Ihm sind neue Erfahrungen wichtig, er möchte seine Kenntnisse erweitern, seine Fähigkeiten verbessern, seine Freizeit zusammen mit anderen Menschen sinnvoll gestalten.
- Verständnis der Generationen untereinander wird gelebt, gemeinsame Gestaltung des Zusammenlebens.
- Wer schon früh lernt, dass er etwas bewegen kann, dass sein Einsatz zählt, wird sowohl für sich selbst als auch für unsere Gesellschaft mehr Verantwortung übernehmen.

Überleiten zu Bereichen, wo das Engagement wichtig ist: *„Die vielfältigen Möglichkeiten haben gezeigt, wie und wo sich jeder nach seinen Fähigkeiten und Möglichkeiten einbringen kann."*

- Schule: Schulsanitätsdienst, Streitschlichter, SMV, in der Klasse …
  Erfahrungen aus „TOP SE", aber Nachhaltigkeit ist wichtig, langfristiges Engagement …
- Möglichkeiten aufzählen: Schülerfreiwilligentag, Arbeiten für den guten Zweck, „Mitmachen Ehrensache" in Baden-Württemberg u. a.
- Anregung zu einem „Tag des sozialen Engagements" in der Schule
- Vorschläge, wie das Anliegen über „TOP SE" hinaus ins Schulportfolio integriert werden kann
- Freizeit: einige Möglichkeiten nennen

Schluss:

Nochmals Bezug nehmen auf den 5. Dezember als „Tag des Ehrenamtes"

Abrunden der Rede: Auffordern, sich auch zukünftig zu engagieren und gemeinsam gute Ideen zu entwickeln und umzusetzen

Schlussformel – Dank für die Aufmerksamkeit

Materialien aus dem Schülerheft:

- Anregungen aus „Miteinander – füreinander – Die ver.di Jugend sagt Danke an alle Ehrenamtlichen", SH S. 51
- Einbeziehen: Ergebnisse von SH S. 49 „Wert und Umfang des Ehrenamtes", SH S. 52 „Das Ehrenamt würdigen"
- Natürlich wird auf eigene Rechercheergebnisse zurückgegriffen

In der Datei **Engagieren.doc** werden verschiedene Formen des sozialen Engagements wie „72-Stunden-Aktion", „Mitmachen Ehrensache" in Baden-Württemberg u. a. vorgestellt.

Alternative:

Eine „kürzere Variante" wäre die Rede bezogen auf die ehrenamtlichen Tätigkeiten von Schülerinnen und Schülern an der Schule im Schulsanitätsdienst, in der Streitschlichtung, in der Freizeit und wie die Schule das Ehrenamt stärken könnte.

SH 52

Ehrenamt: © XtravaganT – Fotolia.com

Die Stoff- bzw. Ideensammlung erweist sich als eine Zusammenfassung der bisherigen Recherche- und Diskussionsergebnisse. Beim Aussprechen von Dank werden natürlich die positiven Effekte des freiwilligen sozialen Engagements herausgestellt. Anhand der Zitate und Grafiken sollten folgende Zusammenhänge beleuchtet werden:

- freiwilliges soziales Engagement als Bindeglied zwischen Menschen
- zusätzlicher Gewinn für die Lebensqualität
- macht eine Gesellschaft erst komplett
- stärkt und stützt
- beide profitieren: der Betreuer und der Betreute

- Ergänzung staatlicher Aufgaben
- sollte als Pflicht eines jeden Bürgers angesehen werden
- das geben, was man selbst geben kann

Vielleicht gibt es einige kreative Schüler, die am Ende der Themenbearbeitung ein eigenes Symbol kreieren, das z. B. in einen Flyer eingefügt werden könnte.

SH 53

„Helfen ist Ehrensache!" – Schreibaufgabe

Flyer: „Helfen ist Ehrensache!"

Eine Stoffsammlung ist Grundvoraussetzung für das Gelingen von Schreibaufgaben. Sie ist die Basis der Gliederung, um wichtige Details für die Lösung der Schreibaufgabe nicht zu vergessen. Die Abfolge / Gliederung der Inhalte im Flyer ist durch die Aufgabenstellung bereits vorgegeben:

1. Informationen zum sozialen Engagement (Wo und wie kann ich mich engagieren?)
2. Positive Effekte auf die Persönlichkeitsentwicklung (Was „macht" das Engagement mit mir?)
3. Jeder wird gebraucht, um eine lebenswerte Zivilgesellschaft zu gestalten (Wie sieht eine solche aus?)
4. Lohn des Engagements
5. Aufruf / Animation zum Mitmachen (Slogans als Aufmacher und Abschluss des Flyers)

Stoffsammlung für den Flyer

Soziales Engagement

- wo?
- wie?
- wo liegen eigene Interessen?
- Bereiche aufzählen (vielleicht anhand von Bildmaterial)
- freiwillig
- in der Freizeit
- für andere aktiv sein

Lebenswerte Zivilgesellschaft

- miteinander leben
- einander helfen
- würdiges Leben für alle, vor allem für die Hilfsbedürftigen
- jeder übernimmt Verantwortung
- Zeit füreinander haben
- vielfältige Angebote in den Bereichen Kultur, Sport, Bildung
- gesichertes Leben auch in Notsituationen

Helfen ist Ehrensache!"

Positive Persönlichkeitsentwicklung

- Empathie
- Werteentwicklung
- Fähigkeiten und Fertigkeiten erwerben
- prägt Denken und Handeln
- Zusammenhänge erkennen
- Probleme der Gesellschaft wahrnehmen
- Beziehungen aufbauen, neue Leute und ihre Geschichten kennenlernen
- Berufsorientierung

Lohn

- Dank der Hilfsbedürftigen
- glückliche Menschen
- jemandem eine Freude bereitet zu haben
- emotionale Zuwendung von Erwachsenen
- dem eigenen Selbstanspruch gerecht zu werden
- Gutes zu tun
- aktiv gestaltendes Mitglied der Gesellschaft zu sein

Aufruf zum Mitmachen

- selbst eine Idee entwickeln
- Aufforderung zum Mitgestalten, Mithelfen, Mitleben
- werde ein Teil unserer Gesellschaft!
- die Jugendlichen bei der „Ehre" packen

Hinweise für die Gestaltung:

- Schriftgröße nicht zu klein
- Arbeit mit Bildmaterial in guter Qualität
- Anteil an zusammenhängenden Texten eher gering halten
- Übersichten erstellen (mit Schlagwörtern und Wortgruppen)
- Einprägsame Slogans / Aufrufe entwickeln

Der „(Ver)ruf" der Jugend – Schreibaufgabe

Interview: Der „(Ver)ruf" der Jugend

Dieser Schreibanlass ist ausführlich aufbereitet, sodass die Schüler lediglich noch die konkreten Fragen formulieren müssen. Dabei hilft ihnen die Auswertung folgender Materialien:

- Impulstexte 1 und 2
- SH S. 17 (Aktivität und freiwilliges Engagement Jugendlicher (14 bis 24 Jahre) nach Tätigkeitsfeldern
- SH S. 19
- SH S. 21/22: Musterinternetrecherche: Die Jugend und ihr Ruf

- SH S. 34
- SH S. 36/37
- SH S. 45/47 (Überlegungen, warum man sich engagiert bzw. welche Voraussetzungen und Gegebenheiten dabei eine Rolle spielen)

Stoffsammlung und Giederung:
Stoffsammlung_Verruf.doc

Neben den zwei komplexen Schreibaufgaben im Schülerheft werden hier noch weitere vorgestellt:

Der Bundesfreiwilligendienst – ein Erfolgsmodell?

> Lies den folgenden Artikel und verfasse im Anschluss daran einen **Leserbrief**. Darin setzt du dich kritisch mit der Thematik des Artikels auseinander und argumentierst dahingehend, wie viel freiwilliges soziales Engagement im Bundesfreiwilligendienst tatsächlich steckt. Schreibe aus deiner Sicht als Jugendlicher und nimm selbst zur Thematik Stellung.

Zu viele Schlupflöcher

Reffen Rometsch zum Bundesfreiwilligendienst

Erst gescholten, jetzt ausgebucht: Der Ersatz für den Zivildienst kommt besser an als gedacht. Junge und ältere Menschen stehen Schlange für den Bundesfreiwilligendienst, der im Juli 2011 den sogenannten Wehrersatzdienst abgelöst hat. Die 35 000 Stellen in Krankenhäusern, Behindertenheimen und sozialen Einrichtungen reichen für die zahlreichen Bewerber längst nicht mehr aus. Doch für mehr Plätze ist im Bundeshaushalt kein Geld – es herrscht praktisch Einstellstopp.

Selbst die größten Optimisten haben nicht mit einem solchen Andrang auf die Freiwilligen-Stellen gerechnet. Denn der Bundesfreiwilligendienst ist, anders als der Zivildienst, schließlich kein Pflichtdienst. Die Bundesländer fürchteten Konkurrenz zu ihren Jungfreiwilligendiensten wie dem Freiwilligen Sozialen Jahr (FSJ) oder dem Freiwilligen Ökologischen Jahr (FÖJ). Wohlfahrtsverbände und karitative Träger unkten, es werde nicht genügend Interessenten geben. Doch bisher läuft die Umstellung von Pflicht- auf Freiwilligendienst erstaunlich reibungslos.

Eine zentrale Herausforderung bleibt die Unterscheidung zum Ehrenamt.

Die vielgescholtene Bundefamilienministerin Kristina Schröder darf sich ein Jahr nach dem Start des Projekts daher guten Gewissens „eine großartige Bilanz" bescheinigen. Eine „politische Sensation", wie sie es nennt, aber ist der Bundesfreiwilligendienst bei Weitem nicht. Dafür muss sich das Modell erst über mehrere Jahre bewähren, muss ein eigenständiges Profil entwickeln, das sich klar vom klassischen Ehrenamt und von der Erwerbsarbeit abgrenzt.

Zwei Drittel aller Bufdis sind junge Leute unter 27 Jahren. Da kommt dem Familienministerium der glückliche Umstand der doppelten Abiturjahrgänge ebenso zur Hilfe wie die Tatsache, dass viele männliche Schulabgänger ihren Zivildienst bereits geplant hatten und nun den Freiwilligendienst zur Denkpause nutzen. Dafür spricht, dass die Männer unter den Bufdis sogar leicht in der Überzahl sind, während drei Viertel der FSJler Frauen sind.

Eine zentrale Herausforderung bleibt die Unterscheidung zum Ehrenamt: Würden bereits ehrenamtlich Aktive ihr Engagement in einen Freiwilligendienst umwandeln, um etwas Geld dafür zu bekommen, wäre dies nicht nur eine kontraproduktive Mogelpackung, sondern würde das Ehrenamt dauerhaft gefährden.

Noch schärfer wachen muss Schröder darüber, dass der Freiwilligendienst nicht als arbeitsmarktpolitisches Instrument zur Statistikhygiene missbraucht wird. So macht die Altersgruppe der 27- bis 65-Jährigen im Osten bis zu drei Viertel der Bufdis aus, während sie in den westlichen Bundesländern meist weniger als 20 Prozent stellt. Der Grund dafür liegt in der höheren Arbeitslosigkeit, gepaart mit einem „aktiven Informationsverhalten der Arbeitsagenturen" in den östlichen Ländern, wie es die Hertie School of Governance und die Universität Heidelberg in einer gemeinsamen Studie feststellen. Zu

> Deutsch: Die Jobcenter raten den Arbeitslosen zum Bundesfreiwilligendienst, um dort ein bisschen Taschengeld zusätzlich zu den Hartz-IV-Leistungen zu verdienen und – vor allem – um sie aus den Arbeitslosenstatistiken verschwinden zu lassen. Dies aber ist ein Missbrauch des neuen Angebots – gefördert, zumindest aber geduldet von staatlichen Einrichtungen. Erst wenn solche Schlupflöcher geschlossen sind und sich die Zahl der Freiwilligen dauerhaft auf hohem Niveau stabilisiert, darf die Ministerin noch einmal über den Begriff der „politischen Sensation" nachdenken.
>
> Vogtlandanzeiger, 3.7.2012

Der Leserbrief soll eine Thematik bekräftigen, widerlegen oder bezweifeln. Er stellt eine rein persönliche Meinung dar und muss nicht repräsentativ für die Allgemeinheit sein, allerdings auf jeden Fall argumentativ fundiert.

Folgende Positionen zur Frage, ob der Bundesfreiwilligendienst ein Erfolgsmodell ist, sind denkbar:

- Ja, der große Ansturm beweist es
- Ja, aber nicht unbedingt für die Jugendlichen
- Nein, die Zahlen des ersten Jahres trügen, da wir doppelte Abiturjahrgänge hatten und von vielen der Vorgänger „Zivildienst" bereits geplant war
- Nein, da er besonders im Osten ein arbeitsmarktpolitisches Instrument zur Statistikhygiene darstellt

Die Schüler müssen sich zunächst eine eigene Meinung bilden und diese dann darlegen. Dabei beziehen sie sich natürlich auf Argumente aus dem Text, verwenden aber auch eigene Rechercheergebnisse.

Mögliche Sichtweisen:

- „Bufdi" ist nur eine Übergangslösung, und nichts anderes.
- Was wäre, wenn die Jugendlichen einen vernünftigen Job finden würden, der ihnen eine Zukunftsperspektive bietet?
- Es gibt eine Menge Abbrecher – warum?
- Schicke Dienste wie Fahrdienste und Botendienste sind „ausgebucht". Schwere Jobs wie in der Kranken- und Altenbetreuung aber bleiben größtenteils „unbesetzt", weil viel zu intensiv Leistungen von den Freiwilligen abverlangt werden.
- Eine Befragung durch die Hertie School of Governance und die Uni Heidelberg zum Einjährigen stellt heraus, dass zentrales Merkmal der Freiwilligen sei, dass es sich um Menschen in „Umbruchsituationen" handele: Jugendliche, die noch nicht wissen, welchen Beruf sie ergreifen wollen; Mütter nach der Babypause; Hartz-IV-Empfänger und Rentner, die ihr geringes Einkommen aufbessern wollen; Menschen, für die das Taschengeld von 330 Euro monatlich kein Problem oder eine Verbesserung darstellt, also keine freiwillig sozial Engagierten.
- Dem Bund fehlt das Geld, um das Freiwilligenprogramm angemessen aufstocken zu können.

Im Leserbrief muss auch dargelegt werden, was die Jugendlichen unter freiwilligem Engagement verstehen, um dann zu argumentieren, inwiefern für sie der Bundesfreiwilligendienst diese Kriterien erfüllt.

„Mein Tag für dich"

Anregungen siehe:
Engagieren.doc

> Unter dem Motto „Mein Tag für dich" sollst du überlegen, wofür du dich (auch gerne im Team) in deiner Umgebung sozial engagieren könntest. Entwickle so ein kleines „Hilfsprojekt", das folgende Kriterien erfüllt:
>
> - zunächst begrenzt auf einen Tag
> - direkter Bezug zur Umgebung
> - Herausforderung, mit vereinten Kräften das Unmögliche zu schaffen
> - soll neue Erfahrungen für euch ermöglichen
> - nach Möglichkeit kein „klassisches" Bauprojekt
> - uneigennützig
> - nicht Alltags- oder Pflichtgeschäft anderer übernehmen
>
> Erstelle ein schriftliches Konzept der Projektidee. Formuliere darin sowohl die organisatorische Voraussetzung als auch den genauen Ablauf und die Zielsetzung.
>
> Begründe ausführlich, warum es dieses Engagement sein soll und was du dir / ihr euch davon versprichst / versprecht. Natürlich wäre es toll, wenn ihr dieses Projekt dann auch in die Tat umsetzen würdet.